JN494366

달섬 세계고전

24

맹자 1

맹자

孟子

맹자 1

김기주 옮김

달섬

일러두기

1. 글자를 따라 직역하는 것을 원칙으로 하되, 의미 전달에 방해가 되거나 충분히 의미가 드러나지 않을 때는 의역을 선택하였다.
2. 『맹자』는 어록語錄으로, 내용 대부분은 맹자와 문인, 제후 등과의 대화로 구성되어 있어서, 대화의 현장감을 최대한 살려 직접화법으로 번역하였다.
3. 문인과의 대화는 낮춤이나 평어체로, 다른 인물과의 대화 등은 모두 경어체로 번역하였다.
4. 인명人名과 지명地名 등은 중국어 발음이 아닌 한국어 발음으로 표기하였다.

목차

맹자 1

맹자 2

맹자와 그의 어록 『맹자』

맹자는 흔히 공자와 함께 병칭된다. 관습적으로 '공자와 맹자' 혹은 '공맹'이라 붙여서 부른다. 속담에도 이 두 사람을 들먹이며 아는 체 하는 것을 '공자왈맹자왈'이라 말하기도 한다. 그런데 이런 표현 자체가 맹자라는 한 인물이 유교나 유학에서 어떤 위상을 가지는지를 보여준다. 공자는 유학을 창시한 사람이자, 최고의 인격으로 이미 오래전부터 추앙되었다. 그런 공자와 함께 맹자가 병칭될 때, 맹자의 위상은 자연스럽게 높아질 수 있었다. 그런 까닭에 공자에 버금가는 성인이라는 뜻의 '아성亞聖'이라는 호칭이 맹자에게 너무나 잘 어울리는 것처럼 생각된다.

그런데 이와 같은 시각에는 하나의 반전이 숨어 있다. 그 반전이란 유학에서 맹자의 위상이 흔히 짐작하는 것만큼 오래되지 않았다는 점이다. 최소한 맹자 사후 천 년 이상, 맹자는 공자와 병칭되지 않았을 뿐만 아니라, 유학의 중심 흐름에 자신의 자리를 갖지 못했다. 오히려 그는 늘 비판의 대상이었다.

전제 왕권이 자리 잡으며 강화되던 시대에 '군주답지 않은 군주는 바꿀 수 있다'는 주장이나 '백성이 귀하고 군주는 가볍다(民貴君輕)'는 그의 시각은 쉽게 받아들여질 수 없었다. 후한 말기 조기趙岐(108 추정~201 추정)가 『맹자주孟子注』를 남겼지만, 사실 맹자와 그의 어록 『맹자』에 대한 본격적인 관심은 송대에 와서야 비로소 시작되었다. 특히 남송시대의 성리학, 곧 정주학程朱學이나 육왕학陸王學은 모두 맹자를 주요 뼈대로 삼았다. 그리고 그 과정에서 맹자의 어록 『맹자』는 마침내 유교의 마지막이자 13번째 경전으로 편입되어 자리 잡을 수 있었다. 특히 주희朱熹(晦庵, 1130~1200)가 『예기』에서 『대학』과 『중용』을 독립시키고, 여기에 『논어』와 『맹자』를 더해 사서四書로 편성한 이후 유교에서 『맹자』의 위상은 확고해졌다.

이처럼 맹자와 그의 어록인 『맹자』는 긴 우여곡절의 시간을 거쳤다. 『맹자』를 읽는 것과 함께, 맹자가 어떤 삶을 살았는지, 그의 어록 『맹자』는 어떤 책인지를 간단하게나마 살펴봐야 하는 이유도 바로 여기에서 찾을 수 있을 것이다. 먼저 맹자의 생애부터 살펴보자.

1. 맹자의 생애

맹자와 같은 고대 인물들의 생졸연대나 행적 등을 정확하게 확인할 방법은 없다. 일반적으로 공자나 맹자의 경우 『논어』나 『맹자』, 『사기』 등 여러 서적의 기록, 곧 그들이 만났던 사람이나, 관련되어 일어났던 사건들을 참고해 활동했던 연대를 추측할 수 있을 뿐이다.

이런 방식으로 추정했을 때, 맹자는 주周나라 열왕烈王 4년(기원전 372)에 태어나 난왕赧王 26년(기원전 289)에 84세를 일기로 생을 마쳤다. 사실 이것은 맹자의 생졸연대와 관련된 여러 설 가운데 하나이지만, 이것이 사실에 가깝다면 맹자는 공자 사후 100년 정도 뒤에 태어나 전국시대 중기를 살아간 셈이다. 공자는 대략 기원전 551년부터 기원전 479년 사이에 생존했기 때문이다.

맹자孟子의 성은 맹孟이며 이름은 가軻이다. 추鄒라는 지역 출신으로, 공자가 활동했던 노나라의 수도인 곡부曲阜의 남쪽, 멀지 않은 곳에 있었다. 맹자는 교육에 깊은 관심을 가진 어머니 슬하에서 자랐다. 어머니가 아들의 좋은 교육환경을 위해 '세 번이나 이사를 했다(孟母三遷)'라거나, 중도에 공부를 그만두어서는 안 된다는 것을 알려주기 위해 '맹자의 어머니는 짜던 베를 끊었다(孟母斷機)'라는 이야기가 지금까지도 전해온다.

특히 맹자는 인간의 본성이 선하다는 '성선론性善論'을 바탕으로, '왕도정치王道政治'야 말로 당시 혼란한 시대 상황을 극복할 유일한 길이라고 믿었다. 그런 믿음을 바탕으로 그 역시 공자처럼 50세를 전후한 시기부터 제후들을 찾아가 왕도정치를 시행하라고 설득하였다. 왕도정치란 다름 아닌 진정한 왕이 실시하는 정치이자, 최고의 왕으로 추앙되던 요堯·순舜·우禹·탕湯과 같은 고대의 왕들이 실시하던 정치를 가리킨다. 그것은 곧 인仁과 의義를 실천하는 정치이기도 했다.

맹자는 기원전 320년경에 위魏나라의 수도인 대량大梁(현재의 河南

省 개봉開封)으로 가서 혜왕惠王에게 왕도에 관해 설명하고 설득했지만, 혜왕은 곧 사망하고, 그 아들인 양襄에게 실망해 산동에 있는 제齊나라로 옮겨 갔다. 그곳에서 제나라의 선왕宣王에게 기대를 걸고 칠팔 년을 머물렀으나, 역시 그의 주장은 받아들여지지 않아 그곳을 떠날 수밖에 없었다. 그 뒤 송宋나라(河南省 商丘縣), 설薛나라(山東省 藤縣 서남쪽)를 거쳐 1차로 추나라에 돌아온 뒤, 다시 문공文公의 초대를 받아 등藤나라(山東省 藤縣)로 갔지만, 결국 자신의 정치적 이상을 실현할 기회를 얻지 못하고 노魯나라(山東省 曲阜縣)를 거쳐 고향인 추로 돌아왔다.

당시의 제후들이 필요로 했던 것은 맹자가 주장하는 왕도정치가 아니라, 부국강병을 이뤄 다른 제후국을 합병할 수 있는 정치적 방법이나 군사적 힘이었다. 이와 같은 제후들의 현실적 관심과 거리가 멀었던 맹자의 주장은 어떤 제후에게도 주목받지 못하였다. 자신의 정치적 이상을 실현하기 위해 50세가 넘어서 본격적으로 시작했던 여러 나라의 여행을 그렇게 마무리하고, 그는 마침내 고향으로 돌아올 수밖에 없었는데, 그때가 그의 나이 70세 전후였다고 추정된다.

고향으로 돌아와 제자들과 함께 『시경』과 『서경』, 그리고 공자의 정신을 토론했으며, 그때 만들어진 책이 오늘날 전해지는 『맹자』 7편이라고 하는 설이 『사기』의 저자 사마천 등의 주장이다. 후한後漢의 조기趙岐나 남송南宋의 주희朱熹 역시 『맹자』는 맹자 본인이 직접 쓴 책이라고 생각했다. 그러나 당唐의 임신사林愼思나 한유韓愈, 또 송대의 『문헌통고文獻通考』 등은 맹자 사후 맹자의 제자인 공손추와 만장

등에 의해 편집되었다고 주장했는데, 현재에는 일부 맹자가 직접 저술한 부분과 함께 대부분 내용을 제자들이 편집한 것으로 이해하고 있다.

2. 시대적 배경

역사가들에 의해 맹자가 살았던 시대는 흔히 춘추전국春秋戰國시대로 구분된다. 하지만 좀 더 자세하게 구분하자면, 공자가 춘추시대를 살았다면, 맹자는 전국시대를 살았다. 기원전 1050년을 전후해서 뒤에 주나라를 세운 주周부족은 황하 서부의 위하渭河유역에 거주하였는데, 그 중심거점은 현재의 서안西安 부근인 호경鎬京이었다. 이처럼 주나라는 중국의 서부에 위치하며, 상商 왕조의 서부 국경을 지키던 일개 부족국가에 불과했다. 그러나 문왕文王, 무왕武王, 주공周公 등의 뛰어난 지도자들이 등장하면서, 주周는 결국 상나라를 멸망시키고 서쪽으로는 위하 유역에서 동쪽으로는 산동의 동쪽 끝까지, 북쪽으로는 만주 남부에서부터 남쪽으로는 장강의 중하류 유역까지를 지배하는 세력으로 성장하였다.

하지만 단순히 말이나 마차 등과 같은 비효율적인 교통수단과 통신기술에 의지해 이렇게 넓은 지역을 하나의 중앙정부가 직접 통치할 수는 없었다. 상나라가 각 지역의 부족이 연합해 하나의 거대한 국가를 형성하는 방식이었다면, 주나라는 중앙을 향한 진일보한 방식을 선택하였는데, 그것이 바로 봉건제도이다. 건국 초기 주공은 상 왕조 시대 통치의 중심이었던 지금의 낙양에 제2의 수도를 건립하는 한편, 왕의 후예나 친인척, 공신, 혈맹들을 제후로 임명하여 각 지역을 나눠 다스리도록 하였다.

봉건제도 속에서 주나라의 왕과 각 제후는 직접적인 혈연관계이거나, 결혼과 같은 간접적 혈연 혹은 의형제 등의 인위적 혈연으로 맺어짐으로써 오랫동안 비교적 공고한 유대관계를 유지할 수 있었다. 하지만 세월의 흐름과 함께 이 혈연적 유대 역시 점점 약해질 수밖에 없었다. 마침내 기원전 841년 주나라 제10대 려왕厲王은 신하들에 의해 왕위를 박탈당하고 도성 밖으로 쫓겨나, 13년 동안 왕의 자리가 비어있는 사태까지 벌어졌다. 그 후 다시 옹립된 선왕宣王이 왕권을 회복하려 애썼지만, 기원전 771년에는 신후申侯 등의 연합군에 의해 유왕幽王이 시해되었고 도성은 대부분 파괴되고 말았다. 곧이어 몇몇 제후들에 의해 다시 옹립된 평왕平王은 이듬해에 제2의 수도인 낙읍(현재의 하남성 洛陽)으로 천도遷都하지 않을 수 없었고, 이때부터 동주東周, 곧 춘추시대가 시작되었다.

이처럼 영향력을 가진 제후와 그들이 야만인으로 치부하던 오랑캐에게 쫓겨 호경에서 낙양으로 수도를 옮겨야 했던 주周나라의 왕은 이때부터 실질적인 통치권을 행사할 수 없게 되었으며, 기원전 226년 멸망할 때까지 겨우 형식적인 지위만을 유지할 수 있었다. 그 대신 힘을 가진 제후가 서로 패권을 다투는 시대가 열리게 되었는데, 이 시대가 바로 춘추전국시대이다.

춘추시대와 전국시대의 구분에 대해서는 여러 가지 설이 있지만 진晉나라가 한韓·위魏·조趙 세 나라로 분리된 기원전 453년, 혹은 주周 왕실이 이것을 공인한 기원전 403년을 그 분기점으로 보는 설이 가장 널리 받아들여지고 있다. 그래서 일반적으로 기원전 770년 낙읍으로 천도한 때로부터 진晉나라가 삼등분되는 기원전 403년까지를 춘추시대, 기원전 402년부터 진秦나라가 중국 전체를 통일할 때까지를 전국시대라고 부른다. 이렇게 춘추전국시대를 구분해 보면 춘추시대에는 아직 명목상으로나마 주나라 왕의 권위가 인정되어 서주 이래로 주나라를 지탱해 주었던 예악문화禮樂文化가 어느 정도는 시행되고 있었다. 그러나 전국시대에 들어서면 주나라 왕의 권위는 완전히 상실하게 되었고, 서주 초기의 예악적禮樂的 질서 역시 모두 무너졌으며, 제후국들은 서로 정복 전쟁을 반복하였다.

그러나 이 두 시대에도 하나의 일관된 흐름이 있는데, 분열을 극복하고 통일을 향한 움직임이 그것이었다. 춘추시대 초기에는 170여 개 제후국이 분립하고 있었지만, 점차 제후국 상호 간의 전쟁과 동맹을 통해 패자霸者에 통솔되면서 일종의 제후국 연합을 이루게 되었다. 더욱이 그 과정에서 약소국은 점차 큰 나라에 병합되어 주권이 없는 지방 도시로 전락하고 큰 제후국의 규모는 보다 확대되었다. 이와 같은 병합의 과정을 거쳐 전국시대에는 마침내 진·초·제·연·한·위·조의 7개 제후국이 남았는데, 이들 국가를 전국칠웅戰國七雄이라 부른다.

이렇듯 춘추전국시대는 분명 정치적인 혼란기였다. 하지만 다른 한편에서 보자면 철기와 우경의 보급으로 인한 생산력의 증대와 함께, 문화면에서도 비약적인 발전이 이루어진 시대였다. 특히 전국 시대에는 제후국들의 경쟁적인 부국강병의 추구와 함께, 생산력을 높이려는 다양한 정책이 시행되었다. 또한 상업의 발달과 함께 부의 축적이 이루어졌고, 다양한 학파와 사상이 등장해 경쟁하는 제자백가諸子百家의 시대였다. 사회의 혼란 속에서 어떻게 살아갈 것이며, 어떻게 세상의 문제를 해결할 것인가에 관한 각종 사상이 등장하지만, 그 사상을 통제할 절대 권력이 아직 등장하지 않았으므로 중국 사상사에서 가장 자유로운 학문 활동이 진행되었던 시기이기도 했다. 맹자와 그의 어록인 『맹자』는 바로 이 시대의 산물이다.

3. 『맹자』의 주요 내용

처음으로 맹자의 어록인 『맹자』에 대해 관심을 가지고 그 내용에 대해 해설한 사람은 후한後漢 시대의 조기趙岐이다. 조기는 『맹자』 7편을 각각 상하로 나누어 14권으로 편집하였는데, 이것이 이후 『맹자』의 체제로 정착되었다. 『한서』 「예문지」에는 『맹자』의 구성에 대해 11편이라고 기록하는데, '외서外書' 4편이 포함되었을 가능성이 높다. 조기는 당시에 통용되던 「성선性善」·「변문辯文」·「설효경說孝經」·「위정爲正」(기록에 따라 「성선변性善辯」·「문설文說」·「효경孝經」·「위정爲正」으로 표기되기도 함) 4편은 한대의 유학자들이 쓴 것인데 맹자를 저자로 내세운 것으로 판단하고, 『맹자』에 편입시키지 않았다. 이후 이 4편의 글은 일실되어 현재는 전하지 않는다. 『맹자』 7편과 그 대체적인 내용은 다음과 같다.

제1편 「양혜왕梁惠王 상·하」

위魏나라의 혜왕, 제齊나라의 선왕, 추나라의 목공과 만나 나눈 대화로, 왕도정치의 실시를 강하게 주장하고 있는 내용이다.

제2편 「공손추公孫丑 상·하」

제자인 공손추와 문답한 내용으로, '호연지기浩然之氣'와 '사단四端의 마음'이 이곳에서 이야기된다.

제3편 「등문공滕文公 상·하」

농지정리와 조세개혁, 농가학파나 묵가학파와의 논쟁, '변론을 좋아한다'라는 세인들의 평가에 대한 맹자의 해명 등이 실려 있다.

제4편 「이루離婁 상·하」

제자의 질문에 답하기보다는, 주로 맹자가 말한 것을 기록하고 있는데,『중용』이나『대학』등과 유사한 내용 등이 있다.

제5편 「만장萬章 상·하」

제자인 만장과 문답한 내용으로, 요·순에 대해 성인이자 이상적인 인격을 갖춘 인물로 평가된다.

제6편 「고자告子 상 · 하」

인간의 본성에 관한 고자와의 논쟁을 통해 맹자의 중심 사상인 '성선설'을 비교적 상세하게 설명하고 있다.

제7편 「진심盡心 상 · 하」

상대적으로 짧은 문장들로 구성되어 있으며, 심心과 성性, 천天에 관한 맹자의 생각, 특히 마지막 요 · 순으로부터 맹자 자신에 이르기까지 도가 전승되는 과정이 제시되고 있다.

전체적으로 보자면 『맹자』는 '성선론'으로 요약되는 인간관을 토대로, 각각의 사람들이 모두 가지고 있는 그 선한 본성이 실현되는 세상을 위해 '진정한 왕이 시행하는 정치' 곧 '왕도정치王道政治'를 제시해 보여주고 있다. 그것은 맹자가 추구한 이상적인 정치형태였다. 그것은 통치자의 덕德에 기초한 정치이자, 각각의 사람이 가지고 있는 선한 본성이 실현되는 혹은 실현되도록 돕는 정치체제를 가리킨다. 그 이론체계에서 보자면, 그의 성선론은 왕도정치를 가능하게 하는 논리적이고 내재적인 근거가 된다. 동시에 그와 같은 선한 본성을 모든 사람은 갖추고 있지만, 삶 속에서 그것을 온전히 표현하거나 현실화하며 실천하지 않는다는 점에서, 그것을 실현하는 방법, 곧 수양론 역시 체계적으로 제시되었다.

그런데 이 왕도정치를 맹자는 자신이 새롭게 만든 것이 아니라고 말한다. 그것은 오래전의 진정한 왕들인 요堯와 순舜이 시행했던 것이고, 공자에게까지 이어져 공자가 실현하고자 노력했던 정치라고 주장하면서 도통道統의 계보를 제시했다. 그리고 자신이야말로 이 진정한 왕들의 전통을 계승한 인물이라는 자부심을 드러냈다. 이처럼 진리를 계승했다고 자부하는 그의 도통의식은, 외적으로는 필연적으로 자신과 다른 주장을 펼치는 이단異端에 대한 비판을 동반했다. 춘추전국시대에 등장한 수많은 학파와 학자들, 곧 제자백가와의 사상적 경쟁에서 맹자는 바로 이런 도통의식을 통해 자신의 입지를 확보하고, 그 지향을 합리화했다.

4. 가치와 의의

처음 『한서』 「예문지」에서 『맹자』를 '기타 사상서(子)'로 분류한 이래, 송대 이전까지 『맹자』는 경전이 아닌 기타 사상서로 분류되었다. 중국에서는 서적을 크게 4가지 범주, 곧 경전(經)·역사서(史)·기타 사상서(子)·시문집(集)으로 분류했는데, 『논어』와 『시경』·『서경』 등은 일찍이 영원하고 변하지 않는 진리를 담고 있는 경전으로 분류되었다면, 오랫동안 『맹자』는 그와 같은 대접을 받지 못했다. 사마천이 『사기』의 「맹순열전孟荀列傳」을, 조기趙岐는 『맹자주孟子注』를 남겼지만, 『맹자』에 대한 일반적인 시선이나 평가를 바꾸지는 못했다.

『순자荀子』의 「비십이자非十二子」 편에서 시작된 맹자에 대한 비판은, 그 뒤로도 왕충王充의 『논형論衡』 「자맹刺孟」, 사마광司馬光의 「의맹疑孟」, 이구李覯의 「비맹非孟」, 조설지晁說之의 「저맹詆孟」 등으로 이어졌다. 이 같은 『맹자』에 대한 부정적인 평가가 근본적으로 달라진 것은 송나라가 시작된 이후였다. 특히 주희朱熹는 『예기』에서 「대학」과 「중용」을 독립시키고, 이 둘을 『논어』·『맹자』와 함께 사서四書로 묶었다. 그리고 이 사서에 주, 곧 해설을 덧붙인 『사서집주四書集註』를 간행하였다. 흔히 성리학性理學이라고 불리는 이들의 학문은, 그 사상적 토대로 『맹자』를 적극적으로 활용했다. 이것은 상산학을 체계화한 육구연이나 양명학을 체계화한 명대의 왕수인 역시 예외가 되지 않았을 뿐만 아니라, 이들은 더욱 적극적으로 『맹자』에 주목했다. 이때부터 『맹자』는 경전으로 존중되기 시작했으며, 사서는 오경과 어깨를 나란히 하는 유가의 경전이 되었다. 물론 그 과정에서 『맹자』는 일정 부분 왜곡되기도 했는데, 청나라의 대진戴震은 『맹자자의소증孟子字義疏證』에서 왜곡되지 않은 맹자의 모습을 밝히고자 했다.

예수에게 사도 바울이 있었듯, 석가모니에게 용수와 세친이 있었듯, 공자에게는 맹자가 있었다. 유가의 첫걸음은 공자가 내디뎠지만, 유가의 이상을 이론적으로 체계화하고 그것을 학문으로 성립시킨 사람은 맹자였다. 덕치德治의 이상, 그 덕치의 가능성인 사람에게 내재하는 선한 본성, 그리고 그 이상과 혼란한 현실 사이의 거리를 메우기 위한 수양론과 교육에 대한 논의 등 『맹자』는 유학사상의 근원적 체계를 충실하게 제시하고 있는 책이다.

특히 송명시대의 유학자들이 『맹자』에 주목했던 것은, 그들의 철학이 심성론心性論과 공부론工夫論(수양론)을 중심으로 전개되었다는 점과 무관하지 않다. 그들 이론의 중심축이 다름 아닌 『맹자』에 토대를 두고 있었다는 것을 의미한다. 주자학과 양명학은 모두 '인간 본성은 선하고, 그래서 모든 사람은 성인이 될 수 있다'는 맹자의 성선설에 대한 자기 나름의 이해결과이기도 했다. 우리나라 성리학의 전개를 상징적으로 표현하는 '사단칠정四端七情논쟁'이나 '인심도심人心道心논쟁' 역시 근본적으로는 『맹자』의 사유와 닿아있다. 이렇게 본다면 『맹자』는 그 내용으로 볼 때도 유가의 사상을 대표할 만한 책이며, 역사적으로도 송대 이후 유가의 대표적인 경전의 역할을 충실하게 수행해 온 책이라고 할 수 있다.

옮긴이의 말

학위과정을 마치고 귀국한지도 훌쩍 20년이 지났다. 박사논문은 『이상적 도덕과 도덕의 이상: 맹자 도덕철학의 재구성(理想的道德與道德的理想: 孟子道德哲學之再構成)』이라는 제목이었다. 돌아보면 문제투성이였지만, 나름 젊은 패기로 맹자의 도덕철학을 새로운 틀로 재구성하려는 시도였다. 석사논문 역시 맹자와 그의 어록 『맹자』를 대상으로 한 연구였다. 이런 사실에서 보자면 석사와 박사논문을 맹자에 관해 쓴 충실한 맹자 전공자인 셈이다. 그런데 학위 논문 이후 발표한 연구논문 가운데, 맹자와 관련된 것은 겨우 한두 편을 꼽을 수 있을 뿐이다. 그것도 자의가 아닌 주변 분들의 부탁으로 차마 거절하지 못해서 쓴 글이었다. 이런 점에서 보자면 맹자 전공자로서의 책임과 의무를 다했다고 말하기는 어려울 것 같다.

사실 귀국이후 학문적 관심은 온통 조선성리학과 그 직접적인 뿌리인 송명리학에 집중되어 있었다. 특히 나고 자란 영남지역의 성리학과 그 흐름은 지금까지의 중심 연구 주제였다. 하지만 이런 관심에서도 맹자를 완전히 잊고 있었던 것은 아니었다. 오히려 조선의 성리학이나 영남의 성리학을 바라보는 그 시선 깊숙한 곳에는 늘 맹자가 자리 잡고 있었다. 그것은 송명리학에 관한 연구에서도 마찬가지였다.

이 모든 연구에서 맹자는 나에게 늘 하나의 높은 산봉우리였다. 높은 산봉우리에 오르면 모든 것이 내려다보인다. 산과 봉우리들이 어느 방향으로 이어지며 흘러가고 있는지 모든 것이 한 눈에 들어온다. 모든 것을 내려다 볼 수 있는 높은 산봉우리처럼, 맹자는 유학의 흐름과 방향을 읽도록 해 준, 우뚝 솟은 나의 봉우리였던 것이다. 이것은 당연히 나만의 개인적인 경험일 수는 없다. 맹자와 그의 어록 『맹자』가 중국은 물론이고, 우리나라에서도 수 많은 사람의 주목을 받을 수 있었던 것은, 다름 아닌 그가 하나의 높은 봉우리였기 때문이 아니었을까?

그럼에도 『맹자』는 13종의 유교 경전 가운데 가장 늦은, 송나라 때에 와서야 비로소 경전의 지위를 가지게 된 책이다. 그 이전까지 맹자는 수 많은 유학자 가운데 한 사람이었고, 그의 어록 『맹자』는 자부子部 유가류儒家類의 여러 저술 가운데 하나였을 뿐이었다. 그것은 『맹자』에 전제왕권시대의 지향에 반하는 내용이 담겨 있었기 때문이었다. 나쁜 군주는 군주라고 할 수 없어서, 그 자리에서 끌어내릴 수 있다는 생각이나, 군주보다 백성이 더 존귀하다는 생각 등이 그런 내용에 해당한다. '사람이라면 누구나 요堯와 순舜이 될 수 있다'는 주장은 '사람이라면 누구나 요와 순 같은 군주가 될 수 있다'는 의미로 이해되어 맹자를 비판하는 구실이 되기도 했다.

중앙집권적 절대왕권이 등장하기 이전의 사유를 보여주는 맹자의 지향이나 사상은 이토록 진보적이고 혁신적이었다. 이것은 맹자나 『맹자』가 가진 주요한 매력이기도 하다. 동시에 이 점은 맹자 사후 천 년이 훨씬 지나 다시 그의 가치가 재조명될 수 있었던 주요한 토대이기도 했을 것이다. 현대를 살아가는 우리가 여전히 『맹자』에 관심을 기울이는 이유를 여기에서 찾아볼 수도 있을 것이다. 이런 사실에서 이 책이 그와 같은 맹자의 매력을 찾아가는, 그리고 그에 대해 한 걸음 더 깊이 다가가 이해할 수 있는 계기가 되기를 진정 희망한다.

사실 『맹자』의 번역은 귀국한지 얼마 지나지 않아 시작했던 일이다. 당시 이미 몇 종류의 번역서가 출판되어 있었지만, 『맹자』의 기본 형식인 대화체를 현실감 있게 보여주지 않거나, 문장 표현들이 현대를 살아가는 우리와 일정한 거리가 있다고 여겨졌다. 이런 생각으로 그 시절 유행하던 개인 홈페이지에 매주 일정한 분량을 번역해 올리는 방식으로 번역을 시작했었다. 물론 이런 저런 일들로 인해, 아쉽게도 그 일은 끝까지 진행해 마무리할 수 없었지만, 그 때에 작업했던 것들은 이 책의 훌륭한 출발점이 되어 주었다. 지금은 이미 많은 종류의 『맹자』 주해서나 관련 저술이 출간되어 있어서, 여기에 다시 한 종류의 주해서를 더하는 것이 그다지 큰 의미를 가지지 않을 수도 있을 것이다. 그럼에도 개인적으로는 10여 년 만에 한 문장 한 문장을 다시 점검하며 번역을 마무리할 수 있는 기회가 생겨 진정 기쁘다. 여기에 더해 맹자 전공자의 역할이나 책임을 이 책을 통해 조금이나마 면할 수 있어서 큰 다행이기도 하다.

번역 과정에서 앞선 연구자들의 발걸음이 큰 도움이 되었음을 언급하지 않을 수 없다. 또 처음 계획에 없었던 해설 등의 부분이 조급하게 추가되면서, 충실하게 반영되지 못한 것이 아쉽지만, 어떻게 마무리하더라도 아쉬움이 남을 것이라 위안해 본다. 여전히 남아 있는 온전하지 않은 부분들은 다시 훗날을 기약해 볼 뿐이다.

2020년 10월

보현산 아래 別墅에서 김기주

01. 양혜왕장구梁惠王章句 상上

첫 번째

1

孟子見梁惠王, 王曰, "叟不遠千里而來, 亦將有以利吾國乎?"

孟子對曰 "王! 何必曰利? 亦有仁義而已矣. 王曰 '何以利吾國?' 大夫曰 '何以利吾家?' 士庶人曰 '何以利吾身?' 上下交征利而國危矣. 萬乘之國, 弑其君者, 必千乘之家, 千乘之國, 弑其君者, 必百乘之家. 萬取千焉, 千取百焉, 不爲不多矣. 苟爲後義而先利, 不奪不饜. 未有仁而遺其親者也, 未有義而後其君者也. 王亦曰仁義而已矣, 何必曰利?"

맹자가 위魏나라의 수도인 양梁(현재의 開封)에서 혜왕惠王을 만났다. 혜왕이 말하였다. "노인께서 천 리를 멀다 하지 않고 이렇게 오셨는데, 내 나라에 큰 이익이 있겠지요?"

맹자가 대답하였다. "왕께서는 하필 이익을 이야기하십니까? 인의仁義만 있으면 될 뿐입니다. 만약에 왕께서 '어떻게 내 나라를 이롭게 할까'라고 말한다면, 대부는 다시 '어떻게 우리 집안을 이롭게 할까?'라고 말할 것이고, 사士와 백성들은 모두 '어떻게 나를 이롭게 할까?'라고 말할 것입니다. 이렇게 된다면, 나라 안의 모두가 서로 이익을 다투게 될 것이고, 나라는 위태로워질 것입니다. 1만 대의 전차를 가진 나라에서 그 군주를 시해할 사람은 반드시 1천 대의 전차를 가진 공경公卿일 것이고, 1천 대의 전차를 가진 나라에서 그 군주를 시해할 사람은 반드시 1백 대의 전차를 가진 대부일 것입니다. 1만 대의 전차를 가진 천자의 나라에서 공경은 1천 대의 전차를 가질 수 있고, 1천 대의 전차를 가진 제후국에서 대부는 1백 대의 전차를 가질 수 있는데, 이 군주의 십분의 일은 이미 많지 않다고 할 수 없습니다. 그러나 만약 의를 뒤로 미루고 이익을 앞세운다면, 그 공경대부들은 군주의 자리를 빼앗지 않고는 만족하지 않을 것입니다. 인仁을 실천하면서 그 부모를 버리는 사람은 일찍이 없었고, 의義를 행하면서 군주에게 태만한 사람도 일찍이 없었습니다. 왕께서는 단지 인의만을 이야기해도 충분한데, 하필이면 이익을 이야기하십니까?"

역자 해설

중국 역사에서 춘추시대와 전국시대의 구분은 흔히 진晉나라가 한韓, 위魏, 조趙 3개 국으로 분할된 기원전 453년, 혹은 주周 왕실이 이 분할을 공인한 기원전 403년을 기준으로 한다. 신하에 의해 군주의 자리가 찬탈되는 사건이 벌어지면서, 기존 주나라의 예적 질서가 무너지는 기폭제가 되었다. 맹자가 만난 위나라의 혜왕은 바로 이렇게 진나라가 분할되어 3개 국으로 나누어진 후 성립한 위나라의 제3대 왕이다. 이 위나라는 동쪽으로 제齊나라, 남쪽으로는 한나라와 초楚나라, 북쪽으로는 조나라, 서쪽으로는 진秦나라와 국경을 접하고 있었다.

맹자와 혜왕의 만남은 대략 기원전 320년으로, 당시 위나라의 수도는 대량大梁(지금의 하남성 개봉)이었다. 이때 맹자는 50대 초반의 나이였을 것으로 추정된다. 맹자와 혜왕의 만남이 있기 20여 년 전인 기원전 341년 제나라와의 전쟁에서 크게 패한 위나라는 쇠락하기 시작하는데, 이와 같은 국가적인 어려움을 극복하기 위해 다양한 사상가들을 초청하게 되었고, 그 초청자 가운데 한 사람이 바로 맹자였다고 추측된다. 맹자를 만나게 된 혜왕의 첫 마디인 '내 나라에 큰 이익이 있겠지요?'라는 물음에서 위나라가 얼마나 절박한 상황에 직면해있었는지를 이해할 수 있다.

맹자는 혜왕과 만나 '이익을 추구하지 말고, 의를 추구하라.'고 설득한다. 이것은 '패도를 버리고 왕도를 추구'해야 하고, '금수가 되지 말고 인간이 되어야 한다.'는 맹자의 주장과 함께 흔히 '맹자의 삼변三辨'으로 묶어서 이해한다. 즉 의리지변義利之辨은 인금지변人禽之辨, 왕패지변王霸之辨과 함께 '맹자의 삼변'을 구성한다. 이 '맹자의 삼변'은 한편으로 맹자의 철학적 문제의식을 보여주는 것이자, 그의 철학적 지향을 보여주는 것이기도 하다. 이 '삼변' 가운데 패霸, 리利, 금禽, 다시 말해서 정치적인 측면에서의 패도, 가치론적인 측면에서 이익, 인성론에서의 인간의 금수화禽獸化(物化, 소외)가 현실에 대한 맹자의 문제의식이자 극복해야 하는 문제 상황이라면, 왕王, 의義, 인人, 곧 정치적인 측면에서의 왕도, 가치론적인 측면에서 의, 인성론에서의 인간회복은 그 철학의 목표이자 지향이라고 이해할 수 있다.

왕패를 구분하는 근거는 의義와 리利를 구분하는 것에서 제공되고, 이 의와 리를 구분하는 근거는 인간과 금수를 구별하는 것에서 찾는다. 맹자에게 있어서 선한 본심과 본성을 갖추고 그것을 실천할 때 비로소 진정한 사람이라고 할 수 있다. 이렇게 본심과 본성을 실천하면 자연스럽게 의와 리를 구별할 수 있고, 이와 같은 의와 리의 구별은 자연스럽게 패도를 지양하고 왕도를 지향하게 된다. 인의의 본심으로부터 의가 결정되고, 그로부터 왕도정치가 시작되는 것이다. 반면 인의의 본심에 토대를 두지 않을 때, 의가 아닌 리를 지향하게 되고, 그 지향은 자연스럽게 패도정치로 이어진다. 이와 같은 토대에서 혜왕을 만난 맹자는 인의만으로도 충분하다고 말하였다.

두 번째 2

孟子見梁惠王. 王立於沼上, 顧鴻鴈麋鹿, 曰,"賢者亦樂此乎?"

孟子對曰, "賢者而後樂此, 不賢者雖有此, 不樂也. 詩云, '經始靈臺, 經之營之, 庶民攻之, 不日成之. 經始勿亟, 庶民子來. 王在靈囿, 麀鹿攸伏, 麀鹿濯濯, 白鳥鶴鶴. 王在靈沼, 於牣魚躍.' 文王以民力爲臺爲沼, 而民歡樂之, 謂其臺曰靈臺, 謂其沼曰靈沼, 樂其有麋鹿魚鼈. 古之人與民偕樂, 故能樂也. 湯誓曰, '時日害喪, 予及女偕亡.' 民欲與之偕亡, 雖有臺池鳥獸, 豈能獨樂哉?"

맹자가 양에서 혜왕을 만났다. 왕은 연못가에 서서 기러기와 사슴 등의 여러 동물을 둘러보다가 맹자에게 말하였다. "현자도 이런 것을 즐거워합니까?"

맹자가 대답하였다. "현자만이 이런 것을 즐거워할 수 있을 뿐, 현자가 아닌 사람은 이런 것이 있어도 즐거워하지 못합니다. 『시경』에 '영대를 지으려고, 계획하고 준비하니, 백성들이 함께 도와서, 며칠 안 되어 완성되었네. 일을 서두르지 말라 하셨으나, 백성들은 자식이 집안일을 하듯이 하였네. 왕이 영유靈囿에 있으니, 어미 사슴도 쉬어가네. 사슴들은 살쪄서 아름답고, 새들은 아름다운 깃털이 빛나네. 왕이 영소靈沼에 이르니, 연못 가득 물고기들이 뛰노는구나.'라고 하였습니다. 문왕이 비록 백성의 힘으로 대를 쌓고, 연못을 만들었지만, 그러나 백성들이 그것을 기쁘게 생각해, 그 관망대를 영대라 부르고, 그 연못을 영소라 하며, 그 안에 여러 동물과 물고기들이 있는 것을 기뻐하였습니다. 이처럼 옛날의 군주는 백성들과 좋은 것을 함께 하였기 때문에, 그 안에서 진정으로 좋아할 수 있었습니다. 그러나 한편으로 「탕서」에서는 '어느 때에 하늘의 해가 사라질 것인가? 내 너와 함께 망하리라!'라고 하는 백성들의 원한 가득한 노래도 전하고 있습니다. 이처럼 백성들이 함께 망하기를 바란다면, 그런 군주에게 아무리 높은 관망대와 깊은 연못, 그리고 아름다운 새와 짐승들이 있다고 하더라도, 어떻게 홀로 그 안에서 즐거워할 수 있겠습니까?"

역자 해설

『시경』에서 인용한 시는 「대아大雅」의 「문왕지십文王之什」에 수록되어 있다. 문왕이 높은 대를 만들자 백성들이 자발적으로 와서 도왔다는 내용이다. 『서경書經』의 「탕서湯誓」는 상나라의 탕왕이 하나라를 토벌하러 가기 전 군사를 일으키며 맹세한 내용으로 구성되어 있다. 지도자는 백성들과 고락을 함께해야 한다는 점을 맹자는 이 인용문을 통해 설명하고 있다.

3

梁惠王曰, "寡人之於國也, 盡心焉耳矣. 何內凶, 則移其民於河東, 移其粟於河內. 河東凶亦然. 察隣國之政, 無如寡人之用心者. 隣國之民不加少, 寡人之民不加多, 何也?"

孟子對曰, "王好戰, 請而戰喩. 塡然鼓之, 兵刃旣接, 棄甲曳兵而走. 或百步而後止, 或五十步而後止. 以五十步笑百步, 則何如?"

曰, "不可. 直不百步耳, 是亦走也."

曰, "王如知此, 則無望民之多於隣國也. 不違農時, 穀不可勝食也, 數罟不入洿池, 漁鼈不可勝食也, 斧斤以時入山林, 材木不可勝用也. 穀與漁鼈不可勝食, 材木不可勝用, 是使民養生喪死無憾也. 養生喪死無憾, 王道之始也. 五畝之宅, 樹之以桑, 五十者可以衣帛矣. 鷄豚狗彘之畜, 無失其時, 七十者可以食肉矣. 百畝之田, 勿奪其時, 數口之家可以無飢矣. 謹庠序之敎, 申之以孝悌之義, 頒白者不負戴於道路矣. 七十者衣帛食肉, 黎民不飢不寒, 然而不王者, 未之有也. "狗彘食人食而不知檢, 塗有餓莩而不知發, 人死, 則曰, '非我也, 歲也.' 是何異於刺人而殺之, 曰, '非我也, 兵也.' 王無罪歲, 斯天下之民至焉."

양에서 혜왕이 맹자에게 말하였다. "나는 나라를 위해 여러 가지로 마음을 쓰고 있습니다. 하내에 흉년이 들면, 이주가 가능한 백성들을 곡식이 풍부한 하동으로 옮기도록 하고, 이주하기 어려운 노약자를 위해서는 하동의 곡식을 하내로 옮기게 합니다. 하동에 흉년이 들면 같은 방법을 사용해 백성들을 구제합니다. 이웃 나라가 백성들을 다스리는 것을 지켜보았습니다만, 그 어느 나라에서도 백성들을 위해 나처럼 노력하는 것을 보지 못했습니다. 이렇게 노력하는데도, 이웃 나라 백성들의 숫자가 줄어들지 않을 뿐만 아니라, 우리나라 백성들의 숫자도 더 늘지 않는데, 이것은 무슨 까닭입니까?"

맹자가 대답하였다. "왕께서 전쟁을 좋아하시니, 전쟁의 비유를 가지고 설명해 드리겠습니다. 북소리가 둥둥 울려서 싸움이 시작되었는데, 무거운 갑옷은 벗어 던지고, 긴 창은 질질 끌면서 도망한 사람 중에 어떤 사람은 백 보를 도망간 후에 멈춰 서고, 또 어떤 사람은 오십 보를 도망간 후에 멈춰 섰다면, 그 오십 보를 도망간 병사가 백 보 도망간 병사를 비겁하다고 비웃을 수 있겠습니까?"

왕이 대답하였다. "비웃을 수 없습니다. 그 역시 백 보를 도망가지 않았을 뿐, 도망쳤다는 점에서는 차이가 없습니다."

맹자가 말하였다. "왕께서 이런 도리를 잘 이해하신다면, 백성들이 이웃 나라보다 많기를 바라지는 마십시오. 만약 농민들의 씨 뿌려 경작하고 수확하는 시기를 방해하지 않는다면, 식량은 모자라지 않을 뿐만 아니라 남아돌 것입니다. 그물코가 지나치게 작은 그물을 사용해서 물고기를 잡지 않는다면, 물고기 역시 풍부하고 여유롭게 먹을 수 있을 것입니다. 나무를 벌목하는 데도 일정한 시간을 정해두고 나무를 베도록 한다면, 목재 역시 다 쓸 수 없을 만큼 풍부하게 될 것입니다. 식량과 물고기들이 풍부해 남아돌고, 목재가 쓰기에 다 쓸 수 없을 만큼 풍부하면, 백성들이 살아 있는 사람을 부양하고, 죽은 사람을 장례 치르는데 유감이 없게 됩니다. 살아 있는 사람을 부양하고 죽은 사람을 장례 치르는데 유감이 없도록 하는 것이 왕도王道의 시작입니다. 5묘인 집안에 뽕나무를 심고 누에를 치면, 오십 세가 된 사람도 비단옷을 입을 수 있습니다. 닭, 개, 돼지 등의 가축들을 잘 사육하고 번식 시기를 놓치지 않는다면, 칠십 노인도 고기를 먹을 수 있습니다. 농사짓는 것을 방해하지 않는다면, 한 농가에 분배된 100묘의 농토에서 한 가족이 먹을만한 충분한 식량을 수확할 수 있습니다. 상庠이나 서序와 같은 학교 교육을 엄격하게 시행해, 효제의 올바름을 넓혀간다면, 반백의 노인이 무거운 짐을 등에 지거나 머리에 이고 길을 가는 일은 없을 것입니다. 칠십 노인이 비단옷을 입고, 고기를 풍족하게 먹을 수 있으며, 일반 백성들이 굶주리지 않고, 헐벗지 않는데, 이렇게 하고서도 왕이 되지 못한 사람은 일찍이 없었습니다. 궁궐에서는 개, 돼지가 사람이 먹어야 할 식량을 먹어치워도, 제지하거나 단속하지 않고, 길가에 굶어 죽은 시신이 널려 있어도, 궁궐의 창고를 열어 곡식을 나누어

줄 생각을 하지 않고 있습니다. 백성들이 죽으면, '내 탓이 아니라, 흉년이 든 세월 때문이다.'라고 말할 뿐인데, 이 말은 칼로 사람을 찔러 죽여 놓고, '내가 죽인 것이 아니라, 칼이 죽였다.'라고 말하는 것과 무엇이 다르겠습니까? 왕께서 세월 탓을 하지 않으신다면, 천하의 백성들이 모두 왕에게 귀의해 올 것입니다.

역자 해설

고사성어 가운데 하나인 '오십보백보五十步百步' 혹은 '오십보소백보五十步笑百步'가 바로 여기에서 나왔다. 부국강병의 나라를 만들려는 혜왕에게 맹자는 '오십보백보' 혹은 '오십보소백보'의 이야기를 통해 그의 노력이 헛된 것임을 보여주고 있다. 아울러 진정한 노력은 전쟁을 통해 영토를 확장하는 방식이 아니라, 백성들이 살아갈 수 있는 기본적인 삶의 조건을 만드는 정치에 있음을 역설하고 있다.

네 번째 4

梁惠王曰, "寡人願安承教."

孟子對曰, "殺人以梃與刃, 有以異乎?"

曰, "無以異也."

"以刃與政, 有以異乎?"

曰, "無以異也."

曰, "庖有肥肉, 廐有肥馬, 民有飢色, 野有餓殍 此率獸而食人也. 獸相食, 且人惡之, 爲民父母, 行政, 不免於率獸而食人, 惡在其爲民父母也? 仲尼曰, '始作俑者, 其無後乎!' 爲其象人而用之也. 如之何其使斯民飢而死也?"

양에서 혜왕이 말하였다. "나는 기쁘게 선생님의 가르침을 받고자 합니다."

맹자가 답하여 말하였다. "몽둥이로 사람을 때려서 죽인 것과 칼로 사람을 찔러서 죽인 것이 사람을 죽였다는 것에 있어서 다른 점이 있습니까?"

왕이 대답하였다. "다른 점이 없습니다."

"그럼 칼로 사람을 죽인 것과 정치를 잘못해 사람을 죽음으로 몰아넣은 것이 사람을 죽였다는 것에 있어서 다른 점이 있습니까?"

왕이 대답하였다. "다른 점이 없습니다."

맹자가 다시 말하였다. "궁궐의 주방 안에는 기름진 고기가 있고, 마구간에는 살찐 말들로 가득한데도, 백성들은 굶주린 기색이 역력하고, 들판에는 굶어 죽은 시신이 널린 것은, 바로 궁궐 안의 짐승을 이끌어서 궁궐 밖의 사람을 잡아먹는 것과 같은 것입니다. 짐승들이 서로 싸우고 잡아먹는 것조차 사람들은 혐오

하는데, 백성들의 부모가 되어 정치하면서 짐승을 이끌어서 사람을 잡아먹는 일이 생긴다면, 어떻게 백성들의 부모라 할 수 있겠습니까? 공자는 일찍이 '사람 모양의 인형을 만들어 처음으로 순장하기 시작한 사람은 마땅히 후손이 끊어져야 할 것이다.'라고 하였는데, 공자가 이렇게 사람 모양의 인형을 만들어 순장하는 사람을 비판한 이유는, 사람 모양을 한 인형을 순장에 썼기 때문입니다. 단지 사람 모양의 인형을 순장에 쓰는 것도 이렇게 비판받고 있는데, 어떻게 멀쩡한 백성들을 굶어 죽어가게 하는 것입니까?"

다섯 번째

5

梁惠王曰, "晉國, 天下莫强焉, 叟之所知也.* 及寡人之身, 東敗於齊, 長子死焉. 西喪地於秦七百里. 南辱於楚. 寡人恥之, 願比死者 一洒之, 如之何則可?"

孟子對曰, "地, 方百里而可以王. 王如施仁政於民, 省刑罰, 薄稅斂, 深耕易耨. 壯者以暇日 修其孝悌忠信, 入以事其父兄, 出以事其長上, 可使制梃以撻秦楚之堅甲利兵矣. 彼奪其民時, 使不得耕耨以養其父母. 父母凍餓, 兄弟妻子離散. 彼陷溺其民, 王往而征之, 夫誰與王敵? 故曰, '仁者無敵.' 王請勿疑!"

* 혜왕이 말한 진晉나라는 삼진三晉을 가리킨다. 혜왕의 위나라를 포함해 한韓나라와 조趙나라 3개국은 본래 진晉나라를 분할해 세워진 나라였다. 『사기史記』「육국표六國表」에는 "육경이 진晉나라의 권력을 제 마음대로 농단하며, 서로 정벌하고 동맹을 맺었는데, 그 위엄이 제후를 능가하여, 결국 진晉을 삼분하였다(六卿擅晉權, 征伐會盟, 威重於諸侯, 終之卒分晉)."고 기록하고 있다. 주자도 집주에서 "위魏는 본래 진晉의 대부 위사와 한씨, 조씨가 함께 진을 세 등분해서 세워진 나라로, 삼진이라고 불렀다. 그래서 혜왕이 여기에서 스스로 진나라라고 불렀다(魏本晉大夫魏斯, 與韓氏趙氏共分晉地, 號曰三晉. 故惠王猶自謂晉國.)"라고 설명한다. 1957년에 안휘安徽 수현壽縣에서 출토된 『악군계금절명문鄂君啓金節銘文』에도 "대사마 소양은 양능에서 진의 군사에 패하였다(大司馬邵陽敗晉師於襄陵)"고 적고 있어 초楚나라 역시 위魏나라를 진晉이라고 불렀음을 알 수 있다.

양에서 혜왕이 말하였다. "진晉나라가 강성해서 세상에 적수가 없었던 것은, 선생님도 잘 알고 있을 터이지요. 그런데 내가 즉위한 이후, 동쪽으로 제나라와의 전쟁에서 크게 패했을 뿐만 아니라, 태자마저도 죽임을 당하였습니다. 다시 서쪽으로는 진秦나라에 패해 하북의 칠백 리나 되는 땅을 잃었고, 또한 남쪽으로는 초楚나라에 땅을 빼앗기는 수모를 당하였습니다. 나는 이것을 큰 수치로 여겨, 전사자들의 한恨을 완전히 설욕하고자 합니다만, 어떻게 하면 되겠습니까?"

맹자가 대답하였다. "땅이 겨우 사방 백 리에서도 왕이 될 수 있습니다. 왕께서 만약 백성들에게 인을 실천하는 정치를 시행해, 형벌을 감해주고, 세금을 가볍게 하며, 깊게 밭 갈고, 때에 맞춰 쉽게 잡초를 제거할 수 있도록 하고, 그리고 청소년들에게는 한가한 시간에 효제충신의 도리를 기르도록 해서, 집에서는 부모형제를 잘 섬기고, 밖에서는 연장자와 윗사람을 잘 섬기도록 한다면, 나무 막대기만을 들고서도 견고한 갑옷과 예리한 병기들을 갖춘 진나라나 초나라의 군대와 대적할 수 있을 것입니다. 적국들이 백성들의 시간을 빼앗아 농사를 지을 수 없게 하면, 그 백성들은 그 부모를 부양할 수 없게 되고, 그렇게 된다면 그 부모들은 추위에 떨거나 굶어 죽고, 형제와 처자들은 사방으로 흩어지게 될 것입니다. 이렇게 적국의 왕들이 그들의 백성들을 포학하게 다룰 때, 왕께서 그들을 토벌하러 가신다면, 누가 왕을 대적할 수 있겠습니까? 그래서 '인을 실천하는 사람은 세상에 대적할 사람이 없다.'라고 말하는 것입니다. 왕께서는 의심하지 마십시오."

역자 해설

혜왕의 위나라는 본래 진晉나라를 분할해서 성립한 나라였다. 혜왕은 비록 위나라의 3대 왕이었지만, 그때까지도 진나라의 정체성을 일부 간직하고 있었다는 사실을 혜왕의 말에서 확인할 수 있다. 부국강병의 방법을 통해, 전쟁에 패했던 동쪽의 제나라, 서쪽의 진秦나라, 남쪽의 초나라에 설욕하려는 혜왕에게 맹자는 인정왕도의 정치를 펼치는 것이야말로 가장 쉽게 왕의 꿈을 실현하는 방법이라고 설득하고 있다. '인자무적仁者無敵' 곧 '인을 실천하는 사람은 세상에 대적할 사람이 없다.'라는 말이 바로 여기에서 나왔다.

여섯 번째

6

孟子見梁襄王, 出, 語人曰, "望之不似人君, 就之而不見所畏焉. 卒然問曰, '天下惡乎定?' 吾對曰, '定于一.' '孰能一之' 對曰, '不嗜殺人者能一之.' '孰能與之?' 對曰, '天下莫不與也. 王知夫苗乎? 七八月之間旱, 則苗槁矣. 天油然作雲, 沛然下雨, 則苗浡然興之矣. 其如是, 孰能禦之? 今夫天下之人牧, 未有不嗜殺人者也. 如有不嗜殺人者, 則天下之民皆引領而望之矣. 誠如是也, 民歸之, 由水之就下, 沛然孰能禦之?'"

맹자가 양에서 혜왕의 아들인 양왕을 만나고 나와 사람들에게 말하였다. "멀리서 바라보니 군주다운 모습이 아니었는데, 가까이 다가가 보아도 군주의 위엄을 찾아볼 수 없었습니다. 왕이 느닷없이 '세상이 어떻게 하면 안정이 되겠습니까?'라고 묻기에, 나는 '하나로 통일이 되어야만 세상이 안정될 수 있습니다.'라고 대답하였습니다. 왕이 또 '누가 세상을 통일할 수 있겠습니까?'라고 물어왔을 때, 나는 '살인하기를 좋아하지 않는 군주가 세상을 통일할 수 있을 것입니다.'라고 대답하였고, 왕이 다시 '살인하기를 좋아하지 않는 그런 군주(전쟁하기를 좋아하지 않아 무력을 기르지 못한 약한 나라의 왕)를 누가 따르겠습니까?'라고 물어왔을 때, 나는 이렇게 대답하였습니다. '세상에 그를 따르지 않는 사람이 없을 것입니다. 왕께서는 초목의 싹이 어떻게 생장하는지 아시는지요? 음력 7, 8월 사이에 만약 오랫동안 비가 내리지 않으면, 초목은 시들어가고 말라 비틀어 가지만, 그러나 어느 순간에 뭉게뭉게 구름이 일어나고, 비가 힘차게 쏟아지기 시작하면, 그 말라 죽어가던 초목들도 어느 순간 다시 깨어나 무성하게 성장합니다. 누가 이런 초목의 성장을 막을 수 있겠습니까? 오늘날 여러 나라의 군주 가운데 살인하기를 좋아하지 않는 사람이 한 사람도 없습니다. 만약 살인하기를 좋아하지 않는 군주가 한 사람이라도 있다면, 세상의 백성들은 모두 목을 길게 빼고 그를 바라보며 기다릴 것입니다. 정말로 이와 같다면 백성들이 그에게 귀의해 따르는 것이, 마치 물이 낮은 곳으로 콸콸 흘러가는 것과 같을 텐데, 누가 그것을 막을 수 있겠습니까?'"

일곱 번째

7

齊宣王問曰, "齊桓晉文之事, 可得聞乎?"

孟子對曰, "仲尼之徒無道桓文之事者, 是以後世無傳焉, 臣未之聞也. 無以, 則王乎?"

曰, "德何如則可以王矣?"

曰, "保民而王, 莫之能禦也."

曰, "若寡人者, 可以保民乎哉?"

曰, "可."

曰, "何由知吾可也?"

曰, "臣聞之胡齕曰, 王坐於堂上, 有牽牛而過堂下者, 王見之, 曰, '牛何之?' 對曰, '將以釁鐘.'* 王曰, '舍之! 吾不忍其觳觫, 若無罪而就死地.' 對曰, '然則廢釁鐘與?' 曰, '何可廢也? 以羊易之!' 不識有諸?"

曰, "有之."

曰, "是心足以王矣. 百姓皆以王爲愛也. 臣固知王之不忍也."

王曰, "然. 誠有百姓者. 齊國雖褊小, 吾何愛一牛? 卽不忍其觳觫, 若無罪而就死地, 故以羊易之也."

曰, "王無異於百姓之以王爲愛也. 以小易大, 彼惡知之? 王若隱其無罪而就死地, 則牛羊 何擇焉?"

王笑曰, "是誠何心哉? 我非愛其財. 而易之以羊也, 宜乎百姓之謂我愛也."

曰, "無傷也, 是乃仁術也, 見牛未見羊也. 君子之於禽獸也, 見其生, 不忍見其死. 聞其聲, 不忍食其肉. 是以君子遠庖廚也."

王說曰, "詩云, '他人有心, 予忖度之.' 夫子之謂也. 夫我乃行之, 反以求之, 不得吾心. 夫 子言之, 於我心有戚戚焉. 此心之所以合於王者, 何也?"

曰, "有復於王者曰, '吾力足以擧百鈞, 而不足以擧一羽. 明足以察秋毫之末, 而不見輿薪, 則王許之乎?

曰, "否."

"今恩足以及禽獸, 而功不至於百姓者, 獨何與? 然則一羽之不擧, 謂不用力焉, 輿薪之不見, 爲不用明焉, 百姓之不見保, 爲不用恩焉. 故王之不王, 不爲也, 非不能也."

曰, "不爲者與不能者之形何以異?"

曰, "挾太山以超北海, 語人曰, '我不能.' 是誠不能也. 爲長者折枝, 語人曰, '我不能.' 是不爲也, 非不能也. 故王之不王, 非挾太山以超北海之類也. 王之不王, 是折枝之類也. 老吾老, 以及人之老, 幼吾幼, 以及人之幼. 天下可運於掌. 詩云 '刑于寡妻, 至于兄弟, 以御于家邦.' 言擧斯心加諸彼而已. 故推恩足以保四海, 不推恩無以保妻子. 古之人所以大過人者, 無他焉, 善推其所爲而已矣. 今恩足以及禽獸, 而功不至於百姓者, 獨何與? 權, 然後知輕重, 度, 然後知長短. 物皆然, 心爲甚. 王請度之! 抑王興甲兵, 危士臣, 構怨於諸侯, 然後快於心與?"

王曰, "否, 吾何快於是? 將以求吾所大欲也."

曰, “王之所大欲可得聞與?”

王笑而不言.

曰, “爲肥甘不足於口與? 輕煖不足於體與? 抑爲采色不足視於目與? 聲音不足聽於耳與? 便嬖不足使令於前與? 王之諸臣皆足以供之, 而王豈爲是哉?”

曰, “否, 吾不爲是也.”

曰, “然則王之所大欲可知已, 欲辟土地, 朝秦楚, 莅中國而撫四夷也. 以若所爲求若所欲, 猶緣木而求魚也.”

王曰, “若是其甚與?”

曰, “殆有甚焉. 緣木求魚, 雖不得魚, 無後災. 以若所爲求若所欲, 盡心力而爲之, 後必有災.”

曰, “可得聞與?”

曰, “鄒人與楚人戰, 則王以爲孰勝?”

曰, “楚人勝.”

曰, “然則小固不可以敵大, 寡固不可以敵衆, 弱固不可以敵强. 海內之地方千里者九, 齊集 有其一. 以一服八, 何以異於鄒敵楚哉? 蓋亦反其本矣. 今王發政施仁, 使天下仕者皆欲立於王之朝, 耕者皆欲耕於王之野, 商賈皆欲藏於王之市, 行旅皆欲出於王之塗, 天下之欲疾其君者皆欲赴愬於王. 其若是, 孰能禦之?

王曰, “吾惛, 不能進於是矣. 願夫子輔乎志, 明以教我. 我雖不敏, 請嘗試之.”

曰, “無恒產而有恒心者, 惟士爲能. 若民, 則無恒產, 因無恒心. 苟無恒心, 放辟邪侈, 無不爲已. 及陷於罪, 然後從而刑之, 是罔民也. 焉有仁人在位罔民而可爲也? 是故明君制民之產, 必使仰足以事父母, 俯足以畜妻子, 樂歲終身飽, 凶年免於死亡, 然後驅而之善, 故民之從之也輕. 今也制民之產, 仰不足以事父母, 俯不足以畜妻子, 樂歲終身苦, 凶年不免於死亡. 此惟救死而恐不贍, 奚暇治禮義哉? 王欲行之,則盍反其本矣. 吾畝之宅, 樹之以桑, 吾十者可以衣帛矣. 鷄豚狗彘之畜, 無失其時, 七十者可以食肉矣. 百畝之田, 勿奪其時, 八口之家可以無飢矣. 謹庠序之敎, 申之以孝悌之義, 頒白者不負戴於道路矣. 老者衣帛食肉, 黎民不飢不寒, 然而不王者,未之有也.”

* '흔종釁鐘'은 의식儀式의 일종으로 동물의 피를 뿌려 새로 주조한 종의 틈을 메우고 그 완성을 알리기 위해 지내는 제사를 가리킨다. '흔釁'은 피를 바르는 의식으로, 피를 사용해 지내는 제사를 뜻한다.

제나라의 선왕이 맹자에게 물었다. “춘추시대 제나라 환공과 진나라 문공이 어떻게 패업을 이룰 수 있었는지 들을 수 있겠습니까?”

맹자가 대답하였다. "공자와 그 제자들은 제나라 환공과 진나라 문공의 패업을 언급하지 않았고, 그래서 후세에 전해진 것도 없습니다. 저 역시 아무것도 들은 것이 없습니다. 그것에 대해 말씀드릴 것이 없다면, 왕이 되는 방법에 관한 이야기는 어떻습니까?"

선왕이 물었다. "어떤 덕을 갖춰야 세상을 통일하고 왕이 될 수 있겠습니까?"

맹자가 대답하였다. "백성을 보호해서 왕이 된다면, 아무도 그 길을 막을 수 없을 것입니다."

선왕이 물었다. "나와 같은 사람도 백성을 보호할 수 있습니까?"

맹자가 대답하였다. "할 수 있습니다."

선왕이 물었다. "어떻게 내가 할 수 있다는 것을 아십니까?"

맹자가 말하였다. "저는 호흘胡齕에게서 이런 이야기를 들은 적이 있습니다. 왕께서 대전에 앉아 계실 때에 어떤 사람이 소를 끌고 지나가는 것을 보고 '소를 끌고 어디로 가느냐?'라고 묻자, 그 사람이 '종에 피를 발라 지내는 흔종의 제사를 준비하기 위해 가는 길입니다.'라고 대답하였습니다. 그러자 왕께서 말씀하시기를 '그 소를 풀어 주도록 하라. 그 두려워 떠는 것이 마치 죄 없이 사지로 끌려가는 것 같아 차마 보지 못하겠다.'라고 하셨습니다. 그러자 그 사람이 다시 '그렇다면 흔종의 제사를 지내지 않으려 하십니까?'라고 묻자, 왕께서는 '어떻게 제사를 지내지 않겠는가? 양으로 바꿔서 제사를 지내도록 하라!'라고 대답하셨습니다.

왕께서는 그런 일이 있었음을 기억하지 못하십니까?"

선왕이 대답하였다. "그런 일이 있었습니다."

맹자가 말하였다. "바로 그 마음이면 왕이 되기에 충분합니다. 백성들은 모두 왕이 소가 아까워서 양으로 대신했다고 하지만, 저는 왕께서 정말로 소가 사지로 끌려가는 것을 차마 볼 수 없었다는 것을 잘 알고 있습니다."

선왕이 말하였다. "그렇습니다. 정말로 그런 백성이 있습니다. 제나라가 비록 크지 않지만, 내가 어떻게 한 마리 소를 아끼겠습니까? 나는 단지 그 소가 두려워 떠는 것이 마치 죄 없이 사지로 끌려가는 것 같아 차마 볼 수 없어, 양으로 소를 대신하게 했던 것입니다."

맹자가 말하였다. "백성들이 인색한 왕이라 말하는 것을 이상하게 생각하지 마십시오. 작은 것을 가지고 큰 것을 바꾸었음을, 보통의 백성들이 어떻게 이해하겠습니까? 그런데 왕께서 만약 그 소가 죄 없이 죽는 것을 측은히 여겼다면, 양 역시 죄가 없는 것은 마찬가지인데 어떻게 양으로 소를 대신하게 하였습니까?"

선왕이 웃으면서 말하였다. "그것은 어떤 마음에서 그렇게 한 것인지 스스로 생각해도 이해할 수 없습니다. 나는 확실히 재물을 아끼려 그렇게 하지 않았습니다. 그런데도 양으로 소를 대신하였으니, 백성들이 나를 인색하다고 하는 것은 당연합니다."

맹자가 말하였다. "상심하지 마십시오. 왕께서 소를 대신해 양을 택한 것은 인仁의 실천이고 표현입니다. 왕이 소를 대신해 양을 택한 것은 단지 끌려가는 소를 보았을 뿐이고, 끌려가는 양을 보지 못했기 때문일 뿐입니다. 군자는 짐승을 대함에 있어, 그것들이 살아있는 것을 보고, 다시 그것들이 죽어가는 것을 차마 보지 못하며, 짐승이 죽으면서 토해내는 슬픈 울음소리를 듣고서는 그 고기를 차마 먹지 못합니다. 그래서 군자는 주방을 멀리하는 것입니다.

선왕이 기뻐하며 말하였다. "『시경』에 '다른 사람이 가진 마음, 내가 헤아려 알 수 있구나.'라고 하였는데, 선생이 바로 그런 분이군요. 내가 비록 그렇게 일을 처리했지만, 다시 돌이켜 스스로에게 왜 그렇게 했는지 물어봐도, 마음에서 그 답을 얻지 못했습니다. 그런데 선생께서 이렇게 말씀해 주시니, 모든 것이 명백해져 마음의 격동을 막을 길이 없습니다. 그런데 이와 같은 마음이 진정한 왕의 정치를 행하는 데 적합하다고 하는 것은 무슨 까닭입니까?"

맹자가 말하였다. "어떤 사람이 왕께 이야기하기를 '저는 힘이 좋아 삼천 근이나 무거운 것을 들어 올리고도 남는데, 깃털 하나를 들지 못하고, 시력이 좋아 아주 작은 가을의 짐승 털을 하나하나 살필 수 있는데, 수레에 쌓인 장작은 볼 수 없습니다.'라고 한다면, 왕께서는 그의 말을 믿으시겠습니까?"

"믿지 못하겠습니다." 왕이 대답하였다.

맹자가 이어서 말하였다. "지금 왕의 은혜가 소(牛)와 같은 짐승에게까지 미칠 수 있으면서, 왕이 베푸는 은혜의 효력이 백성에게 미치지 못하는 것은 도대체 무엇 때문입니까? 그렇다면, 깃털 하나를 들어 올리지 못하는 것은 다만 힘을 쓰려고 하지 않았기 때문이고, 수레에 가득한 장작이 보이지 않은 것은, 눈을 떠서 보려고 하지 않았기 때문입니다. 은혜가 짐승에게까지 미치는데도 백성들이 왕의 보호를 받지 못하는 것 역시 은혜를 베풀려고 하지 않기 때문입니다. 이런 까닭에 왕께서 왕이 되는 방법을 실천하지 못하고 있는 것은, 단지 왕께서 하지 않으신 것이지, 하지 못해서가 아닙니다."

선왕이 물었다. "하지 않는 사람과 하지 못하는 사람의 모습은 어떤 차이가 있습니까?"

맹자가 대답하였다. "겨드랑이에 태산을 끼고 북해를 뛰어서 넘는 것을 다른 사람에게 '나는 할 수 없다.'라고 말한다면, 이 말은 사실이며, 그것은 정말로 사람으로서는 할 수 없는 것입니다. 노인을 대신해서 나뭇가지를 하나 꺾는 것을 사람들에게 '나는 할 수 없다.'라고 말한다면, 이것은 하지 않는 것이지, 결코 할 수 없는 것이 아닙니다. 이런 까닭에 왕께서 진정한 왕의 정치를 시행하지 않은 것은, 태산을 끼고 북해를 뛰어서 넘는 것과 같이 불가능한 일이 아니라, 노인을 대신해서 나뭇가지를 꺾는 것과 같이 쉽게 할 수 있는 종류의 일입니다. 내 부모를 공경하는 것에서 시작하여, 그 마음을 다른 사람의 부모에게로 넓혀가고, 내 자식을 사랑하는 것에서 시작하여, 그 마음을 다른 사람의 자식에게로 넓혀 갈 수 있다면, 세상을 다스리는 일은 손바닥 안의 물건을 움직이는 것처럼 뜻대로 될 것입니다. 『시경詩經』에 '먼저 나의 처에게 모범을 보이고, 다시 형제들에게로 넓혀서, 집안과 나라를 다스리네.'라고 하였는데, 여기에서도 이 마음을 다른 사람들에게로 넓혀가는 것을 말할 뿐입니다. 이렇게 소에게 베푼 은혜를 확충시키면 세상을 안정시킬 수 있고, 그 은혜를 확충시키지 못한다면, 자신의 처자식조차도 편안하게 만들 수 없습니다. 옛 성현들이 보통 사람들보다 크게 뛰어났던 것은, 다른 것 때문이 아니라, 바로 해야 할 것을 잘 확충했을 뿐입니다. 지금 왕의 은혜가 소(牛)와 같은 짐승에게까지 미칠 수 있었는데도, 왕이 베푸는 은혜의 공덕이 백성에게 미치지 못하는 것은 도대체 무엇 때문입니까? 물건은 저울로 달아본 후에 그 무게를 알고, 자로 재어본 후에 그 길이를 알게 됩니다. 이렇게 저울로 달고, 자로 재는 것은 물건의 무게와 길이를 아는 데에만 필요한 것이 아니고, 사람의 마음을 아는 데에는 더욱 필요한 것입니다. 왕께서는 스스로 마음을 자세히 헤아려 보시지요! 그렇지 않고 왕께서는 군대를 동원해 전쟁을 일으켜서, 병사와 신하들을 위험에 빠뜨리고, 다른 나라 제후와 원한을 맺은 뒤에야, 마음이 즐겁겠습니까?"

선왕이 말하였다. "그렇지 않습니다. 내가 어떻게 그런 것이 즐겁겠습니까? 다만 부득이 내가 크게 이루려는 것을 얻으려 할 뿐입니다."

맹자가 말하였다. "왕께서 크게 이루려는 것이 무엇인지 들을 수 있겠습니까?"

이 맹자의 물음에 선왕은 그저 미소만 지을 뿐, 대답하지 않았다.

맹자가 다시 말하였다. "기름지고 맛있는 음식이 먹는데 부족하여 그것을 얻기 위함입니까? 가볍고 따뜻한 의복이 입기에 부족하여 그것을 얻기 위함입니까? 그렇지 않으면, 아름다운 것들이 보기에 부족하여 그것들을 얻기 위함입니까? 아름다운 음악소리가 듣기에 부족하여 그것을 얻기 위함입니까? 총애하는 측근 신하들이 부리기에 부족하여 신하를 얻기 위함입니까? 이런 것들은 모두 왕의 신하들이 부족함 없이 공급하고 있는데, 설마 왕께서는 정말로 이런 것들을 위해서 전쟁을 하려 하십니까?"

선왕이 대답하였다. "아닙니다. 나는 그런 것들을 위해 전쟁을 하려는 것이 아닙니다."

맹자가 말하였다. "그렇다면, 왕께서 크게 이루려고 하는 것이 무엇인지를 알 수 있겠습니다. 왕께서는 영토를 확장하고, 진나라나 초나라와 같은 나라들이 입궐하여 조회하며, 중원의 제후국들 가운데 패자로 군림하는 동시에, 주위의 변방 민족을 안정시키기를 바라는 것이 분명합니다. 그러나 왕께서 생각하고 있는 전쟁의 방법을 통해, 그 이루려는 것을 성취하려는 것은, 마치 나무가 울창한 숲에 들어가 물고기를 잡으려는 것과 같습니다."

선왕이 말하였다. "내 방법이 그토록 심각하게 잘못되었습니까?"

맹자가 대답하였다. "나무가 울창한 숲에 들어가 물고기를 잡으려는 것보다도 더욱 잘못되었습니다. 나무가 울창한 숲에 들어가 물고기를 잡으려 하는 것은, 물고기를 잡지 못하더라도 뒤에 아무런 재앙이 없습니다. 그러나 왕과 같이 전쟁의 방법을 통해서, 제후국 가운데 패자가 되려고 하는 것은, 온 마음을 쏟아도 뒤에는 반드시 재앙이 있게 마련입니다."

선왕이 물었다. "어떤 재앙이 있는지 들을 수 있겠습니까?"

맹자가 말하였다. "추나라 사람과 초나라 사람이 전쟁을 벌인다면, 왕께서는 어느 쪽이 승리하리라 생각하십니까?"

선왕이 대답하였다. "당연히 초나라가 이기겠지요."

맹자가 말하였다. "그렇습니다. 영토가 좁은 나라는 영토가 넓은 나라를 대적하기 어렵고, 적은 병사로 많은 병사를 대적하기 어려울 뿐만 아니라, 국력이 약한 나라는 국력이 강한 나라를 대적하기 어렵습니다. 지금 세상에는 사방 천 리의 영토를 가진 나라가 아홉이 있는데, 제나라는 그 땅을 모두 모아보았자, 그 아홉 나라 가운데 하나일 뿐입니다. 이렇게 하나의 힘으로 나머지 여덟을 대적하는 것이, 추나라가 초나라를 대적하는 것과 어떤 차이가 있습니까? 전쟁의 방법은 이처럼 가능하지 않는데, 이제 다시 그 근본으로 돌아가야 합니다. 이제 왕께서 정치를 시작하며 인仁을 실천하고, 세상의 벼슬하는 사람들이 모두 왕의 조정에서 벼슬하기를 원하도록 하며, 세상의 농민들이 모두 왕의 토지에서 농사짓기를 원하도록 만들고, 세상의 상인들이 모두 왕의 시장에서 장사하기를 원하도록 하며, 세상의 여행자들이 모두 왕의 도로로 여행하기를 원하도록 만들고, 포악한 자기 군주를 원망하는 세상의 모든 사람이 왕에게로 와서 호소하고 싶어지도록 만드십시오. 만약 그렇게 할 수 있다면, 누가 있어 왕께서 하고자 하는 일을 막을 수 있겠습니까?"

선왕이 말하였다. "내가 명철하지 못하여, 그렇게까지는 나아갈 수가 없는데, 선생께서 나를 도와 구체적이고 명백하게 가르쳐 주시길 바랍니다. 내가 비록 둔하지만, 선생께서 이야기하는 것을 한 번 시행해 보고자 합니다."

맹자가 말하였다. "먹고살 수 있는 일정한 경제적 기반이 없어도 변하지 않는 일정한 마음을 유지하는 것은 사士만이 할 수 있습니다. 일반 백성은 먹고살 수 있는 일정한 경제적 기반이 없으면, 변하지 않는 일정한 마음도 없습니다. 진정 변하지 않는 일정한 마음이 없으면, 방자하고 편벽되며, 사악하고 사치스러운 행동 등 못하는 짓이 없어져, 결국에는 죄를 짓게 됩니다. 이렇게 해서 죄를 지은 백성들을 다시 벌주는 것은, 다름 아닌 백성들을 함정으로 몰아넣은 후 그물을 쳐서 잡아들이는 것과 같은 것입니다. 인仁으로 정치를 하는 군주가 있는데, 어떻게 백성들을 함정으로 몰아넣은 후 그물을 쳐서 잡아들이는 일이 있을 수 있겠습니까? 그래서 현명한 군주는 백성들이 먹고살 수 있는 일정한 경제적 기반을 만들어 주면서, 반드시 위로는 부모를 봉양하기에 충분하도록 하고, 아래로는 처자식을 양육하기에 부족함이 없도록 하였습니다. 풍년에는 모든 입고 먹는 것이 풍족하도록 하고, 흉년이 들어도 굶어 죽는 일이 없도록 하였습니다. 그런 다음에 백성들이 선善을 실천하도록 이끌기 때문에, 백성들이 그것을 따르는 것 또한 쉽습니다. 그러나 지금은 백성들이 먹고 살 수 있는 일정한 경제적 기반을 만들어 주었지만, 위로 부모를 봉양하기에 부족하고, 아래로는 처자식을 양육하기에 부족할 뿐만 아니라, 풍년이 들어도 고통을 면하기 어렵고, 흉년이 들면 죽는 길밖에 없습니다. 이 정도로는 아마도 목숨을 구하기에도 모자랄 것인데, 어느 여가에 예의를 차리도록 할 수 있겠습니까? 왕께서 실천하고자 한다면, 어떻게 그 근본으로 돌아가지 않으십니까? 5묘나 되는 택지 중에 비어있는 곳을 골라 뽕나무를 심고 누에를 치면, 오십 세가 넘는 사람도 비단옷을 입을 수 있습니다. 닭, 개, 돼지 등의 가축들을 잘 사육하고 번식 시기를 놓치지 않는다면, 칠십 대의 노인도 고기를 먹을 수 있습니다. 한 농가에 분배된 100묘의 농토는 농사를 짓는 시기를 빼앗지 않는다면, 한 가족이 먹을만한 충분한 식량을 수확할 수 있습니다. 상庠이나 서序와 같은 학교 교육을 엄격하게 시행해, 효제孝悌의 올바름을 넓혀간다면, 반백의 노인이 무거운 짐을 등에 지거나 머리에 이고 길을 가는 일이 없을 것입니다. 70이 넘은 노인이 비단옷을 입고, 고기를 풍족하게 먹을 수 있으며, 백성들이 굶주리지 않고, 헐벗지 않는데, 그러고서도 왕이 되지 못한 사람은 일찍이 없었습니다."

역자 해설

제齊나라 선왕宣王은 제나라(田齊)의 제5대 왕(기원전 319~기원전 301 재위)으로, 위나라 혜왕을 대패시켰던 위왕威王의 아들이다. 그가 맹자를 만나 던진 질문은 바로 춘추시대 제나라의 환공과 진晉나라의 문공이 어떻게 패업을 이룰 수 있었는지를 묻는 것이었다. 환공桓公(기원전 685~기원전 643 재위)은 춘추시대 관중管仲(미상~기원전 645)을 재상으로 등용하며 제나라를 춘추오패春秋五霸(춘추시대의 오패五霸는 제齊나라의 환공桓公 · 진晉나라의 문공文公 · 진秦나라의 목공穆公 · 송宋나라의 양공襄公 · 초楚나라의 장공莊公을 가리키며, 주나라의 왕을 대신해 중원의 제후들을 소집하고 위력으로 복종시킨 군주들임) 가운데 하나로 성장시킨 제나라의 군주였다. 그리고 오랜 망명생활을 거친 후, 62세에 즉위한 문공文公(기원전 636~628 재위)은 성복城濮전투(기원전 632)에서 초나라의 대군을 격파하면서 춘추시대 두 번째 패자가 되었던 진晉나라의 군주였다. 이들이 어떻게 패자가 될 수 있었는지를 묻는 선왕의 질문에는 자신도 환공이나 문공처럼 패업을 이루고 싶다는 뜻이 담겨 있다. 이와 같은 선왕의 물음에 맹자는 전쟁을 통해 패업을 이루려는 방법은 '연목구어緣木求魚', 곧 마치 '나무가 울창한 숲에 들어가 물고기를 잡으려는 것과 같다.'라고 그 방법이 잘못되었음을 지적한다. 그러면서 '인정을 시행하는 왕도정치'만이 그의 꿈을 실현하는 방법이라고 설득하고 있다. 고사성어 '연목구어'의 출전이기도 하다.

여기에 더해서 맹자는 '먹고 살 수 있는 일정한 경제적 기반(恒産)'과 '변하지 않는 일정한 마음(恒心)'의 관계를 제시한다. 경제적 조건이 사람의 의식을 결정한다는 '경제결정론'과는 분명 그 결을 달리하지만, 특히 일반 백성들에게 있어서 먹고 살 수 있는 경제적 기반이 얼마나 중요한 것인지, 그리고 정치가 무엇을 가장 먼저 충족시켜야 하는지를 강조해 보여준다. 동시에 이 구절에서는 제나라의 선왕이 꿈꾸는 패업은 전쟁을 통해서가 아니라, 바로 백성들에게 생활할 수 있는 경제적 기반을 만들어 주는 방법을 통해 저절로 달성될 수 있다는 맹자의 시각이 잘 드러나고 있다.

02. 양혜왕장구梁惠王章句 하下

첫 번째

1

莊暴見孟子, 曰, "暴見於王, 王語暴以好樂, 暴未有以對也." 曰, "好樂何如?"

孟子曰, "王之好樂甚, 則齊國其庶幾乎!"

他日, 見於王曰, "王嘗語莊子以好樂, 有諸?"

王變乎色, 曰, "寡人非能好先王之樂也, 直好世俗之樂耳."

曰, "王之好樂甚, 則齊其庶幾乎! 今之樂由古之樂也."

曰, "可得聞與?"

曰, "獨樂樂, 與人樂樂, 孰樂?"

曰, "不若與人."

曰, "與少樂樂, 與衆樂樂, 孰樂?"

曰, "不若與衆."

"臣請爲王言樂. 今王鼓樂於此, 百姓聞王鐘鼓之聲,管籥之音, 擧疾首蹙頞而相告曰, '吾王之好鼓樂, 夫何使我至於此極也? 父子不相見, 兄弟妻子離産.' 今王田獵於此, 百姓聞王車馬之音, 見羽旄之美, 擧疾首蹙頞而相告曰, '吾王之好田獵, 夫何使我至於此極也? 父子不相見, 兄弟妻子離産.' 此無他, 不與民同樂也. 今王鼓樂於此, 百姓聞王鐘鼓之聲, 管籥之音, 擧欣欣然有喜色而相告曰, '吾王庶幾無疾病與, 何以能鼓樂也?' 今王田獵於此, 百姓聞王車馬之音, 見羽旄之美, 擧欣欣然有喜色而相告曰, '吾王庶幾無疾病與, 何以能田獵也?' 此無他, 與民同樂也. 今王與百姓同樂, 則王矣."

장포가 와서 맹자를 만나 말하였다. "제가 왕을 뵈었는데, 왕께서 저에게 음악을 좋아하신다고 말씀하셨으나, 저는 어떻게 답을 드려야 할지 몰라 아무 말도 하지 못하였습니다." 다시 이어서 맹자에게 물었다. "왕이 음악을 좋아하는 것은 어떻습니까?"

맹자가 말하였다. "왕이 그토록 음악을 좋아한다면, 제나라는 잘 다스려질 것입니다."

며칠이 지난 후, 맹자가 제나라 선왕을 만나 말하였다. "왕께서 장포에게 음악을 좋아하신다고 말씀하셨다는데, 그런 일이 있습니까?"

제나라 선왕이 부끄러워 얼굴을 붉히며 말하였다. "내가 좋아하는 음악은 옛 왕들의 음악이 아니라, 그저 세속에 유행하는 노래들일 뿐입니다."

맹자가 말하였다. "왕께서 음악을 그토록 좋아하신다면, 제나라는 앞으로 잘 다스려질 것입니다. 왕께서 좋아하시는 지금 세속의 음악이나 옛 왕들의 음악은 모두 같은 음악일 뿐입니다."

선왕이 물었다. "자세히 설명을 들을 수 있겠습니까?"

맹자가 대답하여 말하였다. "혼자서 음악을 듣는 것과 다른 사람과 함께 듣는 것 중에서 어느 것이 더욱 즐겁겠습니까?"

선왕이 대답하였다. "당연히 다른 사람과 함께 듣는 것이 더 즐겁겠지요."

맹자가 다시 말하였다. "몇 안 되는 사람과 음악을 듣는 것이나 많은 사람과 함께 음악을 듣는 것 가운데 어느 것이 더 즐겁겠습니까?"

선왕이 대답하였다. "당연히 많은 사람과 함께 듣는 것이 더욱 즐겁습니다."

맹자가 이어서 말하였다. "왕께서 그렇게 생각하신다니, 제가 음악에 대해 말씀드리겠습니다. 왕께서 지금 악기를 연주하는데, 백성들이 그 종과 북, 피리 등의 악기 소리를 듣고, 모두가 두통을 느낄 만큼 혐오스럽게 생각하면서, 한편으로는 걱정으로 얼굴을 찌푸리며, 서로 이야기하기를 '우리의 왕은 저렇게도 음악을 좋아하는데, 어떻게 해서 우리 백성들을 이렇게 부자간에 서로 만나보지 못하고, 형제와 처자식이 사방으로 흩어지도록 하였나!'라고 말합니다. 또 왕께서 지금 사냥을 하는데, 백성들이 그 사냥하는 마차 소리를 듣고, 또 그 깃발의 화려함을 보면, 모두가 두통을 느낄 만큼 혐오스럽게 생각하면서, 다른 한편으로는 걱정으로 얼굴을 찌푸리며, 서로 이야기하기를 '우리 왕은 저렇게도 사냥을 좋아하는데, 어떻게 해서 우리 백성들을 이렇게 부자간에 서로 만나보지 못하고, 형제와 처자식이 사방으로 흩어지도록 하였나!'라고 말하는 것은 다른 이유가 있어서가 아니라, 바로 백성들과 함께 즐기지 않기 때문입니다. 왕께서 지금 악기를 연주하였는데, 백성들이 그 종과 북, 피리 등의 악기 소리를 듣고, 모두가 기뻐하는 모습으로 좋아하며 서로 말하기를 '우리 왕께서 다행히 병이 없구나! 그렇지 않으면 어떻게 악기를 연주하시겠는가?'라고 말합니다. 또 왕께서 지금 사냥을 하시는데, 백성들이 그 사냥하는 마차 소리를 듣고, 또 그 깃발의 화려함을 보면, 모두가 기뻐하는 모습으로 좋아하며 서로 말하기를 '우리 왕께서 다행히 병이 없구나! 그렇지 않으면 어떻게 사냥을 하시겠는가?'라고 하는데, 백성들이 이렇게 하는 것은 다른 이유가 있는 것이 아니라, 바로 백성들과 함께 즐기기 때문입니다. 만약 왕께서 백성들과 즐거움을 함께하신다면, 진정한 왕이 될 수 있을 것입니다."

역자 해설

장포는 제나라의 관리였다. 자신이 섬기는 왕이 음악에 빠진 것이 못내 마음에 들지는 않았지만, 뭐라 반대하거나 그렇게 해서는 안 된다는 말은 하지 못하고 있었던 것으로 여겨진다. 그런데 그와 같은 고민을 맹자에게 털어놓자, 맹자는 제나라 선왕의 '음악을 좋아하는(好樂)' 마음에서 인정왕도의 근거 혹은 인정왕도를 실천할 수 있는 토대를 찾아내고, 그 마음의 확충을 통해 '백성과 함께 즐길 것(與民同樂)'을 권하고 있다. 비록 그가 좋아하는 음악이 앞선 위대한 왕들이 즐겼던 음악과 분명 차이가 있지만, 그것이 무엇이든 백성들과 함께 즐기는 것이 중요하고, 그것이 인정왕도의 첫걸음이라고 말한다.

두 번째 2

齊宣王問曰, "文王之囿方七十里, 有諸?"*

孟子對曰, "於傳有之."

曰, "若是其大乎?"

曰, "民猶以爲小也."

曰, "寡人之囿方四十里, 民猶以爲大, 何也?"

曰, "文王之囿方七十里, 芻蕘者往焉, 雉兔者往焉, 與民同之. 民以爲小, 不亦宜乎? 臣始至於境, 問國之大禁, 然後敢入. 臣聞郊關之內有囿方四十里, 殺其麋鹿者如殺人之罪. 則是方四十里爲阱於國中. 民以爲大, 不亦宜乎?”

* 『회남자淮南子』에 '원유가 크다(苑囿之大)'라는 구절이 있는데, 고유高誘는 "울타리가 있는 것을 원苑이라 하고, 울타리가 없는 것을 유囿라고 한다(有牆曰苑, 無牆曰囿)"고 해석하였다. 당나라 고공언賈公彦의 「주례지관유인소周禮地官囿人疏」에서는 "문왕의 유는 사방 칠십 리, 천자의 유는 사방 백 리라고 하였는데, 여기서 유는 사냥을 하는 곳이다(文王之囿方七十里, 天子之囿百里, 並是田獵之處.)"라고 말하였다. 이런 기록에서 보자면, '유囿'는 울타리가 없는 왕실 수렵장을 가리킨다는 것을 알 수 있다.

제나라 선왕이 맹자에게 물었다. "문왕에게 사방 70리나 되는 사냥터가 있었다고 들었는데, 정말로 그런 일이 있었습니까?"

맹자가 대답하였다. "전하는 글에 그런 기록이 있습니다."

선왕이 다시 물었다. "정말로 그렇게 면적이 넓었습니까?"

맹자가 말하였다. "백성들은 그래도 사냥터가 작다고 생각했습니다."

선왕이 말하였다. "나는 겨우 사방40리의 사냥터를 가졌을 뿐인데, 백성들이 이 사냥터를 너무 넓다고 생각하는 것은 또 무엇 때문입니까?"

맹자가 말하였다. "문왕의 사냥터는 사방 70리나 되었지만, 풀 베고 나무하는 사람이나 꿩 잡고 토기 잡는 사냥꾼까지, 백성이면 누구나 들어가서 함께 사용하고 즐겼으니, 백성들이 작다고 여긴 것은 당연하지 않겠습니까? 제가 처음 제나라 국경에 이르렀을 때, 제나라에서 가장 엄격하게 금지하고 있는 것을 물어본 후에 입국하였습니다. 제가 듣기로 제나라의 교외郊外에는 사방 40리의 사냥터가 있고, 그 안의 사슴을 잡는 사람은, 사람을 죽인 죄와 같이 처벌한다고 하였습니다. 백성에게 있어서 이 사방 40리의 땅은, 백성을 잡아들이기 위해 나라 안에 파놓은 함정과 같은 것인데, 백성들이 넓다고 생각하는 것은 당연하지 않겠습니까?"

역자 해설

문왕은 주나라의 기초를 닦은 지도자로, 상나라로부터 서쪽 지역 제후들의 패자라는 의미에서 '서백西伯'이라 불려졌다. 그의 사후에 아들 무왕이 상나라를 멸망시키고 주나라를 세운 후, 그를 왕으로 추존하면서 문왕으로 불리게 되었다. 유학에서는 문왕과 그 아들 무왕武王을 요순을 계승해 인정왕도를 실천한 왕으로 평가하는데, 이 같은 도통의 계보를 최초로 제시한 사람이 바로 맹자였다.

선왕이 문왕의 사냥터 이야기를 꺼낸 것은 자신의 사냥터가 넓지 않고 합리적인 수준이라는 점을 보여주려는 의도였지만, 맹자의 비판을 피해 가지는 못하였다. 보통은 도성으로부터 방원 100리 안을 교郊라고 부르는데, 이 교郊안에 울타리가 없는 방원 40리나 되는 왕실의 수렵장이 설치되어 있어서, 이 수렵장이 백성들에게는 하나의 함정과 다를 바가 없다는 것을 맹자는 지적한다. 정현鄭玄은 "정阱이란 땅을 파서 구덩이를 만든 후 짐승을 잡는 것으로, 그 위를 건다가 빠지는 것인데, 세상 사람들이 이것을 함정이라고 부른다(阱穿地爲塹, 所以禦禽獸, 其或超踰則陷焉, 世謂之陷阱)"라고 설명한다. 이런 함정은 다시 흙으로 덮어 버릴 수도 있고, 또 그 넓이도 아주 작은 것이었다. 그러나 선왕의 수렵장은 사방 40리나 되고, 백성들은 그 안의 사슴 한 마리라도 잡는다면 살인죄로 처벌받는데, 이것은 백성들을 잡는 함정과도 같은 것이었다. 제나라의 선왕이 넓은 수렵장을 개설해 놓고, 혼자서만 향유할 뿐만 아니라, 그 수렵장이 백성들에게는 죄를 짓게 만드는 함정이 되고 있음을 맹자가 비판하고 있는 내용이다.

세 번째

3

齊宣王問曰, "交隣國有道乎?"

孟子對曰, "有. 惟仁者爲能以大事小, 是故湯事葛, 文王事昆夷. 惟智者爲能以小事大, 故大王事獯鬻, 句踐事吳. 以大事小者, 樂天者也. 以小事大者, 畏天者也. 樂天者保天下, 畏天者保其國. 詩云, '畏天之威, 于時保之.'"

王曰, "大哉言矣! 寡人有疾, 寡人好勇."

對曰, "王請無好小勇. 夫撫劍疾視曰, '彼惡敢當我哉!' 此匹夫之勇, 敵一人者也. 王請大之! 詩云, '王赫斯怒, 爰整其旅, 以遏徂莒, 以篤周祜, 以對于天下.' 此文王之勇也. 文王一怒而安天下之民. 書曰, '天降下民, 作之君, 作之師, 惟曰其助上帝寵之. 四方有罪無罪惟我在, 天下曷敢有越厥志?' 一人衡行於天下, 武王恥之. 此武王之勇也. 而武王亦一怒而安天下之民. 今王亦一怒而安天下之民, 民惟恐王之好不勇也."

제나라 선왕이 물었다. "이웃 나라와 외교 관계를 맺는 것에도 어떤 방법이 있습니까?"

맹자가 대답하였다. "당연히 있습니다. 오직 인仁을 실천하는 군주만이 큰 나라인데도 작은 나라를 무시하지 않고, 그 주권을 인정해줄 수 있습니다. 탕湯이 갈백葛伯을, 그리고 문왕文王이 곤이昆夷를 대접한 것이 바로 그 좋은 예라 할 수 있습니다. 또 오직 지혜롭고 현명한 군주만이 작은 나라이면서도 큰 나라와 우호적이고 평등한 외교 관계를 맺을 수 있습니다. 그래서 주나라 문왕의 조부인 태왕太王 고공단보古公亶父가 훈육獯鬻을, 그리고 구천句踐이 오나라 왕 부차夫差를 섬길 수 있었습니다. 큰 나라이면서 작은 나라를 무시하지 않고 그 주권을 인정해주는 군주는 천天의 도를 즐거이 행하는 사람이고, 작은 나라이면서도 큰 나라와 우호적인 외교 관계를 맺는 군주는 천天의 도에 대해 경외감을 가짐으로써 스스로 돌아보는 사람입니다. 이렇게 천天의 도를 즐거이 행하는 사람은 세상을 평안하게 할 수 있고, 천天의 도에 대한 경외감으로부터 스스로 반성하는 사람은 그 나라를 보존할 수 있습니다. 그래서 『시경』에서도 '천天의 위엄을 경외함으로써 때에 맞게 나라를 보존한다.'라고 했던 것입니다.

선왕이 말하였다. "선생의 말씀이 참으로 훌륭합니다. 그렇지만 나에게는 못된 병이 하나 있는데, 그것은 용맹한 것을 지나치게 좋아한다는 것입니다."

맹자가 다시 말하였다. "왕께서는 힘자랑만을 위한 사소한 용맹을 좋아하지는 마시길 바랍니다. 칼자루를 어루만지며 눈을 부릅뜨고 '그놈이 어떻게 나를 이길 수 있겠는가!'라고 소리치는 것은, 힘을 어디에 어떻게 써야 할지 모르는 것입니다. 그것은 단지 넘쳐나는 힘을 자랑하는 못난 사람들의 용맹이고, 그 용맹을 부려봤자 겨우 눈앞의 한 사람만을 대적할 수 있을 뿐입니다. 왕께서는 용맹함을 크게 써보시길 바랍니다. 『시경』에 '왕께서 크게 노해, 그 군대를 정돈하여, 거莒로 침입하는 적들을 막아, 주나라 백성들의 복을 더욱 넓히고, 세상의 인심에 호응했다.'라고 하였는데, 이것이 바로 문왕의 용맹입니다. 문왕이 한 번 크게 분노하여 세상의 백성들을 평안하게 했습니다. 또 『서경』에는 '천天이 백성들을 생겨나게 하였다. 그리고 백성들을 위해 군주를 세우고, 스승 또한 나게 하였다. 이것은 상제上帝를 도와 사방의 백성들을 사랑하기 위함이었다. 그래서 천지사방의 죄 있는 사람과 죄 없는 사람 모두는 오직 군주와 스승이 보살피고 책임져야 한다. 천天이 군주와 스승을 세운 목적이 이와 같은데, 세상의 어떤 군주와 스승이 감히 그 책임과 본분을 다하지 않고 어길 수 있겠는가?'라고 기록되어 있습니다. 한사람이 천하에 전횡하며 포학하게 구는 것을 무왕武王이 부끄럽게 여겨, 그를 정벌한 것이니, 이것이 바로 무왕의 용맹입니다. 이렇게 무왕 역시 한 번 크게 분노하여 세상의 백성들을 평안하게 했습니다. 지금 왕께서 크게 분노하여 백성들을 평안하게 만든다면, 세상의 백성들은 오히려 왕께서 용맹을 좋아하지 않을까 걱정할 것입니다."

역자 해설

유학에서 '인자仁者'란 기본적으로는 인심仁心을 잘 표현하고 실천하는 사람을 가리키지만, 이곳에서는 인심에 기초해서 정치하는 사람을 가리킨다. 그래서 나라의 크기나 국력의 강하고 약한 것이 외교 관계를 맺는데 주요한 고려사항이 아니라, 상대를 존중하는 태도가 중요하다고 지적한다. 그리고 이런 태도의 군주만이 무력에 의지해 약소국을 억압하여 복종시키기보다는, 서로 존중하며 외교 관계를 유지해 갈 수 있다고 말한다. 맹자는 역사 속에서 이것을 실천한 사람으로 탕왕과 문왕, 태왕과 구천 등 네 사람의 사례를 들어 설명한다.

먼저 '탕湯'은 상商왕조(기원전1711~기원전1066)를 세운 왕이다. 그는 이웃 갈葛나라의 군주인 갈백葛伯이 제사를 지내지 않고 오만방자하게 행동하자, 제사 음식과 곡식들을 보내면서 도왔지만, 제사를 지내지 않았을 뿐만 아니라, 도리어 음식을 가져온 사람들을 살해하자, 마침내 갈나라를 정벌하여 멸망시켰다. 등문공하滕文公下편 5장에 이 내용이 자세하게 서술되어 있다.

둘째, '문왕文王'은 주周나라 기초를 세운 군주로 『모시정의毛詩正義』에서는 『제왕세기帝王世紀』의 말을 인용하여 "문왕이 즉위한 지 4년째 되는 해, 주周는 병자년이었다. 혼이가 주나라에 쳐들어와 하루에 세 번 주나라의 동쪽 문을 공격했지만, 문왕은 문을 닫고 덕을 닦으며 대적하지 않았다(文王受命四年, 周正丙子. 混夷伐周, 一日三至周之東門, 文王閉門脩德, 而不與戰)"라는 내용을 기록하고 있다. 여기에 나타나는 문왕의 태도, 곧 쳐들어온 적에게도 대적하지 않고 이웃으로서의 예禮를 지켰다는 것이 바로 맹자가 주목한 부분이다.

세 번째 인물인 '태왕太王'은 주나라의 태왕, 곧 문왕의 조부인 '고공단보古公亶父'를 가리킨다. 훈육獯鬻은 흉노匈奴라고도 불리며, 당시 중원의 북방에서 유목생활을 하던 소수민족으로, 『사기史記』에는 "고공단보가 후직后稷과 공유公劉(주나라의 선조들로, 후직은 주나라의 시조이고, 공유는 후직의 증손, 단보의 9대조)의 사업을 계승하여 키워가고 있었는데, 훈육과 융적이 침입하여 재물을 요구하자 주었다(古公亶父修后稷公劉之業, 薰育戎狄攻之, 欲得財物予之.)"라고 기록하고 있다. 또 「흉노열전匈奴列傳」에는 "하나라가 쇠퇴해 가자 공유는 직관의 벼슬을 잃고, 서융으로 변해 빈을 도읍으로 하였다. 그 후 삼백여 년이 지나 융적이 태왕단보를 공격하니, 단보는 빈을 버리고 기산 아래로 도읍을 옮겼다(夏道衰, 而公劉失其稷官, 變於西戎邑於豳. 其後三百有餘歲, 戎狄攻太王亶父, 亶父亡走岐下.)"고 기록하고 있다. 맹자는 훈육이 재물을 요구하자 재물을 주고, 땅을 요구하자 도읍을 버리고 이주해 가며 전쟁을 피한 태왕의 태도를 인자의 태도라고 평가한 것이다.

네 번째 인물인 '구천句踐'은 춘추시대 월越나라의 왕 구천(기원전 497~기원전 465년 재위)을 가리킨다. 『좌전左傳』 애공哀公 원년(기원전 494년)의 기록에 따르면, "오왕 부차는 부초산에서 월나라 군대를 대파하여, 정공 14년 취이檇李에서의 패배를 설욕하고, 이어서 오나라 군대는 월나라로 진공해 들어갔다. 월왕 구천은 무장한 병사 5천을 거느리고 회계산으로 퇴각하면서, 한편으로는 대부 문종文種을 파견해 오나라의 태재상 백비伯嚭를 통해 휴전을 청하였다(吳王夫差敗越於夫椒, 報檇李也, 遂入越. 越子以甲楯五千, 保於會稽, 使大夫種因吳太宰嚭以行成)"라고 하였고, 『사기史記』 「월왕구천세가越王句踐世家」에는 "월왕 구천이 남아 있는 5천의 병사를 거느리고 회계산으로 퇴각하자, 오왕 부차는 그 산을 포위하였다.……대부 문종에게 오나라로 가서 화의를 청하도록 하였는데, 문종이 부차 앞에 무릎걸음으로 다가가 머리를 조아리고 말하기를, 저의 군주 구천이 저에게 오나라의 신하가 되고, 처는 첩이 될 것을 청하도록 하였다고 전하니, 오왕 부차가 허락하였다.(越王乃以餘兵五千人, 保棲於會稽, 吳王追而圍之,……乃令大夫種行成於吳, 膝行頓首曰, 君王亡臣句踐, 使陪臣種, 敢告下執事, 句踐請爲臣妻爲妾. 吳王將許之.)"라고 기록되어 있다. 이처럼 구천이 부차와의 전쟁에서 패해 신하의 예를 갖추어 오왕 부차를 섬긴 것을 맹자는 크게 평가한다. 그런데 구천은 와신상담臥薪嘗膽 끝에 뒷날 결국 오를 멸망시켜 이때의 패배를 설욕하였다.

齊宣王見孟子於雪宮. 王曰, "賢者亦有此樂乎?"

孟子對曰, "有. 人不得, 則非其上矣. 不得而非其上者, 非也. 爲民上而不與民同樂者, 亦非也. 樂民之樂者, 民亦樂其樂. 憂民之憂者, 民亦憂其憂. 樂以天下, 憂以天下, 然而不王者, 未之有也. 昔者齊景公問於晏子曰, '吾欲觀於轉附朝儛, 遵海而南, 放於琅邪, 吾何修而可以比於先王觀也?' 晏子對曰, '善哉問也! 天子適諸侯曰巡狩. 巡狩者, 巡所守也. 諸侯朝於天子曰述職. 述職者, 述所職也. 無非事者. 春省耕而補不足, 秋省斂而助不給. 夏諺曰, 吾王不遊, 吾何以休? 吾王不豫, 吾何以助? 一遊一豫, 爲諸侯度. 今也不然. 師行而糧食, 飢者弗食, 勞者弗息. 睊睊胥讒, 民乃作慝. 方命虐民, 飮食若流. 流連荒亡, 爲諸侯憂.* 從流下而忘反謂之流, 從流上而忘反謂之連, 從獸無厭謂之荒, 樂酒無厭謂之亡. 先王無流連之樂, 荒亡之行. 惟君所行也.' 景公說, 大戒於國, 出舍於郊. 於是始興發補不足. 召太師曰, '爲我作君臣相說之樂!' 蓋徵招角招是也. 其詩曰, '畜君何尤?' 畜君者, 好君也."

* 유련황망流連荒亡에서 유流와 련連은 지나친 뱃놀이, 즉 방탕함을 나타내며,

연連은 물결을 거슬러 올라갈 때 앞에서 사람이 줄을 당겨 끌고 간다는 뜻에서 붙여진 이름이다(連, 引也). 황荒은 무절제한 사냥을 가리키지만, 그 궁극적 의미는 나라를 황폐하게 만드는 것을, 망亡은 지나친 음주를 가리키지만, 그 의미는 기회의 상실이나 일의 실패를 각각 뜻한다.

제나라 선왕이 왕실 별궁인 설궁雪宮에서 맹자를 접견하면서 물었다. "현자도 이렇게 호화로운 곳에서 생활하는 것을 즐거워합니까?"

맹자가 대답하였다. "당연히 즐거워합니다. 일반 백성들은 그런 즐거움을 얻지 못하면, 다스리는 사람을 비난합니다. 그런 즐거움을 얻지 못했다고 다스리는 사람을 비난하는 것도 옳지 않습니다만, 백성들을 다스린다면서 백성들과 즐거움을 함께하지 않는 것 또한 큰 잘못입니다. 군주가 백성들의 즐거움을 같이 즐거워한다면, 백성들 역시 군주의 즐거움을 함께 즐거워할 것입니다. 군주가 백성들의 걱정을 같이 걱정한다면, 백성들 역시 군주의 걱정을 함께 걱정할 것입니다. 세상의 백성들과 즐거움을 함께하고, 걱정을 함께하는데도, 왕이 되지 못한 사람은 일찍이 없었습니다. 옛날에 제나라의 경공이 안영에게 '나는 동쪽의 전부산과 조무산을 유람하고, 다시 해안을 따라 남쪽으로 내려가 낭야까지 가보고 싶은데, 어떻게 하면 과거 현명한 군주들의 유람에 비교될 만큼 훌륭하다는 소리를 들을 수 있겠는가?'라고 물었습니다. 이 물음에 안영은 '참 좋은 질문입니다. 천자가 제후국을 방문하는 것을 순수巡狩라고 합니다. 순수란 제후들이 지키고 있는 강토를 순시巡視하는 것을 가리킵니다. 제후가 아침에 입궐하여 천자를 알현해 만나는 것을 술직述職이라고 부릅니다. 술직이란 그가 맡은 직책에서 처리하는 일들을 보고하는 것을 가리킵니다. 천자가 제후국을 돌아보는 것이나, 제후가 천자를 알현해 만나는 것, 이 모두가 일과 관련되지 않은 것이 없었습니다. 봄에는 밭 갈고 씨 뿌리는 것을 살펴 부족한 것을 보충해 주고, 가을에는 수확하는 것을 잘 살펴 모자라는 것을 도와줍니다. 그래서 하나라의 속담에 왕께서 시찰하지 않으시면 우리가 어떻게 쉴 수 있나? 왕께서 순시하지 않으시면, 우리가 어떻게 도움을 받을 수 있는가라고 했던 것입니다. 이렇게 왕이 계절에 따라 시찰해 백성들의 생활을 살펴보고 도와주는 것이 제후들의 본보기가 되기에 충분했습니다. 그러나 지금은 이렇지 않아, 군주의 순시에는 많은 신하와 병사들이 수행하고, 이렇게 수행하는 많은 사람을 먹이기 위해 순시하는 지방에서 식량을 공출하거나 멀리서 식량을 운반하고 있습니다. 이렇게 순시하는 지방마다 식량을 공출하고 운반하는 과정에서 본래 굶주리는 사람들에게 돌아가야 할 식량이 군주와 그의 수행원들에게 돌아가 굶주린 사람이 먹을 것을 얻지 못할 뿐만 아니라, 평소 농사에 종사하던 사람들이 다시 식량 운반에 동원되어 쉬지도 못하게 되었습니다. 이렇게 되니 눈을 흘겨보며 서로 헐뜯다가, 사람들은 결국 악행을 저지르게 됩니다. 이런 군주의 순시巡視는 앞서 모범을 보인 성왕들의 가르침에 어긋나고, 백성들을 학대하는 행위일 뿐만 아니라, 음식을 마치 흐르는 물과 같이 낭비하고, 유련황망流連荒亡하여 제후들의 근심거리가 되었습니다. 강에 배를 띄우고 물이 흘러가는 대로 흘러가며 놀다가 돌아가는 것을 잊어버린 것을 유流라 하고, 강에 배를 띄우고 강을 거슬러 올라가며 놀다가 돌아가는 것을 잊어버린 것을 련連이라 합니다. 사냥하며 즐기되 만족하지 못하고 절제할 줄 모르는 것을 황荒이라 하고, 술 마시길 좋아하여 만족도 없고, 절제도 모르는 것을 망亡이라 부릅니다. 고대의 현명한 왕들은 유련한 즐거움이나, 황망한 행동이 없었습니다. 그런데 오직 왕께서 그런 유련황망한 짓을 하고자 합니다.'라고 대답하였습니다. 이런 안영의 말을 들은 제나라 경공은 크게 기뻐하여, 먼저 성읍 안에 충분한 준비를 시켜놓고, 교외로 나가 머무르면서 백성들의 생활을 살펴본 후에, 창고의 문을 열어, 백성들을 구제하고 도왔습니다. 경공은 또한 태사를 불러 '나를 위해 군주와 신하가 함께 즐길 수 있는 노래를 지어 주시오'라고 하였는데, 그 노래가 바로 치소徵招와 각소角招 입니다. 그 노래 가사에 '군주의 잘못된 욕망을 제지하는 것이 어떻게 잘못이겠는가?'라고 하였는데, 군주의 잘못된 욕망을 제지하는 것은 군주를 좋아한다는 뜻입니다."

역자 해설

제나라 경공景公은 춘추시대 제齊나라의 군주로, 성은 강姜이고, 이름은 저구杵臼이다. 재위 기간은 기원전 547년에서 기원전 490년까지로 58년 동안이었다. 공자가 30대 중반 제나라를 처음 방문했을 당시 제나라의 군주였고, 그때 공자는 경공에게 '군주는 군주다워야 하고, 신하는 신하다워야 하며, 아비는 아비다워야 하고, 자식은 자식다워야 한다(君君臣巨父父子子)'라는 정명正名의 정치를 논하였다. 이 제나라는 주周나라 위열왕威烈王 16년(기원전 410년)에 강제姜齊(강씨姜氏의 제齊)와 전제田齊(전씨田氏의 제齊)로 분할되었다가, 주周나라 안왕安王 23년(기원전 379년)에 강제姜齊가 멸망하면서, 전씨의 제齊로 통일되었다. 맹자가 만난 제나라 선왕은 바로 이 전제의 제5대 왕이었다.

안영晏嬰(?~기원전500)은 춘추시대 제나라 영공靈公, 장공莊公, 경공景公을 보좌한 재상으로, 경공이 공자를 등용하려고 하자, 그 등용을 반대한 사람이기도 하다. 『안자춘추晏子春秋』는 전통적으로 그의 저술로 이해되었지만, 사실은 후대 사람들에 의해 가필되어 그의 사상을 온전하게 표현하고 있는 것은 아니다.

다섯 번째

5

齊宣王問曰, "人皆謂我毁明堂, 毁諸? 已乎?"

孟子對曰, "夫明堂者, 王者之堂也. 王欲行王政, 則勿毁之矣."

王曰, "王政可得聞與?"

對曰, "昔者文王之治岐也, 耕者九一, 仕者世祿, 關市譏而不征, 澤梁無禁, 罪人不孥. 老而無妻曰鰥, 老而無夫曰寡, 老而無子曰獨, 幼而無父曰孤. 此四者, 天下之窮民而無告者. 文王發政施仁, 必先斯四者. 詩云, '哿矣富人, 哀此煢獨.'"

王曰, "善哉言乎!"

曰, "王如善之, 則何爲不行?"

王曰, "寡人有疾, 寡人好貨."

對曰, "昔者公劉好貨, 詩云, '乃積乃倉, 乃裹餱糧, 于橐于囊.* 思戢用光. 弓矢斯張, 干戈戚揚, 爰方啓行. 故居者有積倉, 行者有裹囊也, 然後可以爰方啓行. 王如好貨, 與百姓同之, 於王何有?"

王曰, "寡人有疾, 寡人好色."

對曰, "昔者大王好色, 愛厥妃. 詩云, '古公亶父, 來朝走馬, 率西水滸, 至于岐下, 爰及姜女, 聿來胥宇.' 當是時也, 內無怨女, 外無曠夫. 王如好色, 與百姓同之, 於王何有?"

* '탁橐'과 낭囊'은 모두 물건을 담는 자루를 가리킨다. '탁橐'은 자루의 양쪽이 모두 막혀 있고, 자루의 중간에 물건을 넣는 입구가 있어서, 물건을 채운 이후에는 중간을 들어 어깨나 말 등, 낙타 등에 걸쳐서 사용했다. '낭囊'은 한쪽이나 양쪽 모두 막혀 있지 않은 것으로, 양쪽으로 물건을 채운 후, 한

쪽 혹은 양쪽을 묶어 사용했다. 탁橐은 비교적 작아 담을 수 있는 양이 많지 않고, 낭囊은 비교적 커서 많은 양을 담을 수 있다.

제나라의 선왕이 맹자에게 물었다. "사람들이 모두 나에게 천자가 제후를 만나던 집인 명당明堂을 헐어버리라고 건의합니다. 헐어버려야 할까요, 아니면 그냥 둬야 할까요?"

맹자가 대답하였다. "명당이란 왕을 상징하는 건물입니다. 왕께서 진정한 왕의 정치를 실천하려고 생각하신다면, 명당을 헐어서는 안 됩니다."

제선왕이 다시 물었다. "진정한 왕의 정치란 무엇인지 설명들을 수 있겠습니까?"

맹자가 대답하였다. "옛날 문왕이 기岐를 다스릴 때, 농민이 내는 세금은 수확하는 양의 9분의 1이었고, 관리를 지낸 사람의 후손에게는 조상의 봉록을 세습하도록 하였습니다. 그리고 국경과 주요 도로에 설치된 관문과 시장에서는 관리들이 순찰하며 질서를 유지하되, 세금을 거두지 않았고, 저수지에서 물고기를 잡는 것 역시 금지하지 않았으며, 죄를 범한 사람에 대해서는 죄를 범한 당사자에게만 죄를 물을 뿐, 그 처자식에게까지 죄를 묻는 연좌제를 실시하지 않았습니다. 일찍 부인을 사별한 노인을 홀아비(鰥夫)라 하고, 일찍 남편을 사별한 노인을 과부寡婦라 하고, 자녀가 없는 노인을 독거노인(獨身)이라 하고, 일찍 부모를 사별한 자식을 고아孤兒라고 합니다. 이런 네 부류의 사람들은 사회에서 가장 가난하고 의지할 데 없는 사람들입니다. 그래서 문왕이 정치를 시작해 인을 실천하면서 반드시 먼저 이 사람들을 돌보았습니다. 『시경詩經』에도 '부유한 사람들은 그런대로 괜찮은데, 의지할 곳 없는 외롭고 가난한 사람들이 불쌍하구나.'라고 말하고 있습니다."

왕이 말하였다. "정말 좋은 말씀입니다."

맹자가 말하였다. "왕께서는 좋은 말이라 하면서, 왜 그것을 실천하려 하지 않으십니까?"

선왕이 대답하였다. "나에게는 재물을 너무 좋아하는 못된 병이 있어, 그런 진정한 왕의 정치를 실천하지 못하겠습니다."

맹자가 대답하였다. "옛날 공유公劉 역시 재물을 좋아하였습니다. 시에도 말하기를 '식량이 이렇게도 많아, 밖에도 쌓아두고, 창고에도 가득하였네. 말린 식량을 싸서는 작은 자루 큰 자루에 가득 채워둔 후, 먼저 백성들을 편안하게 하고 다음으로 그것을 기반으로 나라를 빛내려 생각하였네. 그리하여 창과 방패 그리고 도끼를 들고, 비로소 행군을 시작하였네.'라고 하였습니다. 그래서 남아 있는 사람들에게는 창고에 가득한 식량이 있었고, 행군을 떠나는 사람에게는 자루에 가득 식량이 있었습니다. 그리고 이런 준비가 있었기에 비로소 행군을 시작할 수 있었던 것입니다. 왕께서 재물을 좋아하시더라도 백성들과 함께 그 재물을 나누어 가질 수 있다면 진정한 왕의 정치를 시행하는데 무슨 어려움이 있겠습니까?"

선왕이 다시 말하였다. "나에게는 못된 병이 또 하나 있는데, 여색을 너무 좋아합니다."

맹자가 대답하여 말하였다. "옛날의 태왕大王 역시 여색을 좋아하였고, 그의 아내를 깊이 사랑하였습니다. 『시경詩經』에 '고공단보는 아침 일찍부터 말을 달려, 서쪽 강변을 따라 내려가 기산 아래에 이르러, 그의 아내와 함께 살았다.'라고 하였습니다. 그 당시에는 여자 가운데 남편을 찾지 못한 노처녀가 없었고, 남자 가운데 아내를 찾지 못한 노총각이 없었습니다. 왕께서 여색을 좋아하시더라도 백성들과 함께 좋아할 수 있다면, 왕의 정치를 하는데 무슨 어려움이 있겠습니까?"

역자 해설

『예기禮記』「명당위明堂位」나 『주례周禮』「고공기考工記」 등의 설명에 따르면, 명당明堂 제도는 일반적으로 두 가지 용도로 쓰였다. 하나는 천자가 제후들을 알현하는 공간, 다른 하나는 왕실의 제사를 지내는 종묘宗廟 역할을 하는 공간이었다. 그런데 태산泰山 아래의 명당明堂은 제齊나라에 있었다는 점에서, 천자天子가 동쪽 제후국들을 순시할 때 제후들을 알현하기 위해 사용했던 것으로 생각된다. 춘추전국시대에 접어들면서 주나라 왕의 권위가 무너지면서 명당의 기능은 상실되었고, 쓸모없이 방치되자 명당을 헐어버리자는 여론이 형성되었을 것이다. 그런데 맹자는 이 명당이 인정왕도를 상징하는 건물인 만큼 헐어버리는 것에 신중할 것을 제나라의 선왕에게 권하고 있다.

6

孟子謂齊宣王曰, "王之臣, 有託其妻子於其友而之楚遊者, 比其反也, 則凍餒其妻子, 則 如之何?"

王曰, "棄之."

曰, "士師不能治士, 則如之何?"

王曰, "已之."

曰, "四境之內不治, 則如之何?"

王顧左右而言他.

맹자가 제나라 선왕에게 물었다. "왕의 신하 중에 그 처자식의 생활을 친구에게 부탁한 후, 초나라로 가 여행한 사람이 있었습니다. 그런데 만약 그가 돌아왔을 때 처자식이 추위에 떨면서 굶주리고 있었다면, 왕께서는 어떻게 하시겠습니까?"

왕이 대답하였다. "그 친구와 교제를 끊겠습니다."

맹자가 다시 물었다. "형벌을 감독하는 우두머리(士師)가 그 수하들을 잘 다스리지 못한다면, 그 우두머리를 어떻게 하시겠습니까?"

왕이 대답하였다. "그를 파면시키겠습니다."

맹자가 또다시 물었다. "국경 안 온 나라가 다스려지지 않는다면, 그 나라의 군주는 어떻게 해야 하겠습니까?"

왕은 맹자의 물음에 대답하지 못하고 좌우를 돌아보며 엉뚱한 말을 하였다.

역자 해설

맹자가 구사한 논리는 유추 혹은 유비추론으로, 하나의 유類에 속하는 종이나 개체에 적용할 수 있는 명제나 특징은 같은 유에 속하는 다른 종이나 개체에도 적용할 수 있다는 생각, 곧 유에 기초해서 결론을 도출하는 논증 방식이다. 왕의 의무를 다하지 않은 왕에게 상당히 파격적이고 충격적인 결론을 유도해 보여주고 있다. 의무를 다하지 않는 왕의 잘못을 묻는다면, 왕 자신이 왕의 지위에서 물러나야 한다고 대답해야 하는 상황을 자연스럽게 만들며, 왕이나 군주의 의무가 무엇인지를 간접적으로 드러내 보여주었다.

일곱 번째 7

孟子見齊宣王, 曰, "所謂故國者, 非謂有喬木之謂也, 有世臣之謂也. 王無親臣矣, 昔者所進, 今日不知其亡也."

王曰, "吾何以識其不才而舍之?"

曰, "國君進賢, 如不得已, 將使卑踰尊, 疏踰戚, 可不愼與? 左右皆曰賢, 未可也. 諸大夫皆曰賢, 未可也. 國人皆曰賢, 然後察之, 見賢焉, 然後用之. 左右皆曰不可,勿聽. 諸大夫皆曰 不可, 勿聽. 國人皆曰不可, 然後察之, 見不可焉, 然後去之. 左右皆曰可殺, 勿聽. 諸大夫皆曰可殺, 勿聽. 國人皆曰可殺, 然後察之, 見可殺焉, 然後殺之. 故曰, 國人殺之也. 如此, 然後 可以爲民父母."

맹자가 제나라 선왕을 만나 말하였다. "이른바 역사와 전통을 가진 유서 깊은 나라(故國)는 크고 높은 나무가 있다고 '고국'이라 부르는 것이 아니라, 대를 이어 나라를 위해 공을 세운 신하들이 있어서 그렇게 부르는 것입니다. 왕에게 가까이할 수 있고 신뢰할 만한 신하가 없는 것은, 어제 등용한 신하가 인재가 아니어서 오늘 파면되는 것을 알지 못했기 때문입니다."

선왕이 물었다. "그렇다면 사람을 등용하기 전에 인재가 아니라는 것을 내가 어떻게 알아 등용하지 않을 수 있겠습니까?"

맹자가 대답하였다. "한 나라의 군주는 인재를 등용하면서, 마치 마지못해서 하는 것처럼 신중해야 합니다. 신분이 낮은 사람을 신분이 높은 사람보다 윗자리에 앉게 할 수 있고, 그 관계가 소원疏遠하던 사람을 가까운 관계를 맺어오던 사람보다 윗자리에 앉게 할 수 있는데, 어떻게 신중하지 않을 수 있겠습니까? 만약 측근들이 모두 한 사람을 천거하며 현명한 사람이라 하여도 등용해서는 안 되며, 대부들이 모두 그 사람을 현명하다고 하여도 등용해서는 안 되고, 백성들이 모두 현명하다고 말한다면, 그 사람을 다시 자세히 살펴보아 확실히 현명하다는 것이 증명된 후에야 그를 등용하십시오. 측근들이 모두 어떤 사람을 욕하며 등용해서는 안 된다고 하여도 그 말을 듣지 말고, 대부들이 모두 그 사람을 등용해서는 안 된다고 하여도 듣지 않으며, 백성들이 모두 등용해서는 안 된다고 말한다면 그 사람을 다시 자세히 살펴보아 확실히 등용해서는 안 된다는 것이 증명된 후에야 그를 등용하지 마십시오. 측근들이 모두 어떤 사람을 마땅히 사형에 처해야 한다고 하더라도 그 말을 듣지 말고, 대부들이 모두 그 사람은 마땅히 사형에 처해야 한다고 하여도 듣지 말며, 백성들이 모두 마땅히 사형에 처해야 한다고 말한다면, 그 사람을 다시 자세히 살펴보아 확실히 사형에 처해야 마땅하다는 것이 증명된 뒤에 사형을 집행하십시오. 그러면 백성들이 사형을 집행하는 것이니, 이렇게 한 뒤에야 비로소 백성들의 부모가 될 수 있습니다."

여덟 번째

8

齊宣王問曰, "湯放桀, 武王伐紂, 有諸?"

孟子對曰, "於傳有之."

曰, "臣弑其君, 可乎?"

曰, "賊仁者謂之'賊', 賊義者謂之'殘'. 殘賊之人謂之'一夫'. 聞誅一夫紂矣, 未聞弑君也."

제나라 선왕이 물었다. "탕湯이 하夏나라의 걸桀을 쫓아내고, 무왕이 상商나라의 주紂를 정벌했다는데, 그런 일이 있었습니까?"

맹자가 대답하였다. "전하는 글에 그런 기록이 있습니다."

선왕이 다시 물었다. "신하가 그 군주를 시해해도 된다는 것입니까?

맹자가 대답하였다. "인仁을 훼손하는 사람을 흉포하다 하고, 의義를 훼손하는 사람을 잔혹殘酷하다고 하는데, 이렇게 흉포하고 잔혹한 사람은 그저 볼품없는 평범한 한 사내일 뿐입니다. 평범한 한 사내인 주紂를 죽였다는 말은 들은 적이 있지만, 군주를 시해했다는 이야기는 듣지 못했습니다."

역자 해설

사람을 죽이는 행위를 표현하는 것에도 차이가 있다. '시弑'가 신하가 군주를 죽이거나, 자식이 아비를 살해하는 행위라면, '주誅'는 죄를 지은 사람을 토벌하거나 사형에 처하는 것을 가리킨다. 걸桀과 주紂는 각각 하나라와 상나라의 왕이었고, 탕湯과 무武는 본래 각각 하나라와 상나라, 곧 걸과 주의 신하였으니, 형식상 군신관계라 할 수 있다. 그런데 신하가 자신의 군주를 살해하고 왕이 될 수 있는지를 선왕은 물었던 것이다. 그런데 이 질문에 대한 맹자의 대답은 한 줌의 거리낌도 없이 직설적이다. 그리고 이런 맹자의 모습은 절대왕권이 자리 잡은 시기에는 결코 쉽게 인정될 수 없는 것이었다. 맹자의 어록인 『맹자』가 가장 늦게 유가의 13종 경전에 포함된 것도 이와 같은 맹자의 시각이나 태도와 깊이 관련되어 있다.

맹자를 가장 먼저 비판한 사람인, '성악설'을 주장한 순자 역시, 『순자荀子』「의병議兵」 편에서 "걸주桀紂를 죽인 것은 한 사내를 죽인 것과 같다. 그래서 「태서泰誓」에서 말한 '보잘것없는 한 사내인 주紂'는, 바로 이를 두고 한 말이다(誅桀紂若誅獨夫, 故泰誓云獨夫紂, 此之謂也.)"라고 하였고, 「정론正論」 편에서는 "포학한 군주를 죽이는 것은 한 사내를 죽인 것과 같다. 탕왕과 무왕은 천하를 빼앗은 것이 아니라, 도道를 닦고 의義를 행하여, 세상 사람들 공동의 이익을 일으키고, 세상 사람들 공동의 해악을 제거하니, 세상이 그들에게 귀의한 것일 뿐이다. 세상의 민심이 귀의해 간 사람을 왕이라 하고, 세상의 민심이 떠나는 것을 멸망이라 한다. 그러므로 걸주桀紂에게는 천하가 없었고, 탕무湯武는 자신의 군주를 시해하지 않은 것이다(誅暴國之君, 若誅獨夫. 湯武非取天下也, 修其道, 行其義, 興天下之同利, 除天下之同害, 而天下歸之也. 天下歸之之謂王, 天下去之之謂亡, 故桀紂無天下, 而湯武不弑君.)라고 말한다.

아홉 번째

9

孟子見齊宣王, 曰, "爲巨室, 則必使工師求大木. 工師得大木, 則王喜, 以爲能勝其任也. 匠人斲而小之, 則王怒, 以爲不勝其任矣. 夫人幼而學之, 壯而欲行之, 王曰, '姑舍女所學而從我', 則何如? 今有璞玉於此, 雖萬鎰, 必使玉人彫琢之. 至於治國家, 則曰, '姑舍女所學而從我', 則何以異於教玉人彫琢玉哉?"

맹자가 제나라 선왕을 만나 말하였다. "왕께서 큰 건물을 지으려면, 반드시 도목수에게 큰 나무를 구하게 할 것입니다. 도목수가 큰 나무를 얻게 되면 왕께서는 크게 기뻐하며, 목수가 그 소임을 감당해 큰 건물을 지을 수 있다고 생각할 것입니다. 그런데 목수가 그 나무를 자르다가 작게 만들어 버렸다면, 왕께서는 크게 화를 내며 그가 소임을 감당할 수 없다고 생각할 것입니다. 사람이 어릴 때부터 배우는 것은 대개 장성해서 그 배운 것을 실행하기 위한 것인데, 만약 왕께서 '잠시 네가 배운 것을 제쳐놓고 내 말을 들어라'라고 하신다면, 어떻게 되겠습니까? 지금 여기에 다듬지 않은 옥이 있고, 그 옥이 아무리 많아 흔하더라도 반드시 옥 다듬는 사람을 불러 그것을 가공하도록 할 것입니다. 그런데 나라를 다스리는 것에서, 왕께서 '잠시 네가 배운 것인 진정한 왕의 정치를 제쳐놓고 내 패도의 정치를 따르라'고 말한다면, 이것은 옥을 다듬는 사람에게 옥 가공 기술을 가르치는 것과 무엇이 다르겠습니까?"

열 번째

10

齊人伐燕, 勝之, 宣王問曰, "或謂寡人勿取, 或謂寡人取之. 以萬乘之國伐萬乘之國, 五旬而擧之, 人力不至於此. 不取, 必有天殃. 取之, 何如?"

孟子對曰, "取之而燕民悅, 則取之. 古之人有行之者, 武王是也. 取之而燕民不悅, 則勿取. 古之人有行之者, 文王是也. 以萬乘之國伐萬乘之國, 簞食壺漿以迎王師, 豈有他哉? 避水火也. 如水益深, 如火益熱, 亦運而已矣."

제나라 군대가 연나라로 쳐들어가 승리를 거두자, 선왕이 물었다. "어떤 사람은 나에게 연나라를 합병하지 말라 하고, 또 어떤 사람은 합병하라 합니다. 전차戰車 일만 대를 가진 나라가 똑같이 일만 대의 전차를 보유한 나라를 정벌해서 오십일 만에 승리를 거두었으니, 사람의 힘만으로는 이렇게 하지 못했을 것입니다. 여기서 만약 합병하지 않는다면, 반드시 천天이 내리는 재앙이 있을 것입니다. 합병하는 것이 어떻겠습니까?"

맹자가 대답하였다. "합병해서 연나라의 백성들이 기뻐한다면, 합병하십시오. 옛날 사람 중에 그렇게 한 사람이 있었는데, 그 사람이 바로 무왕입니다. 합병해서 연나라의 백성들이 기뻐하지 않는다면, 합병하지 마십시오. 옛날 사람 중에 그렇게 한 사람이 있었는데, 그 사람이 바로 문왕입니다. 전차 일만 대를 가진 제나라가 똑같이 일만 대의 전차를 보유한 연나라를 치는데, 그 나라의 백성들이 대바구니에 가득 채운 밥과 호로 단지에 담은 음료를 가지고 왕의 군대를 영접한 것에, 어떻게 다른 이유가 있을 수 있겠습니까? 그것은 다만 깊은 물이나 뜨거운 불의 고통을 피하기 위해서입니다. 그런데 만약 물은 더 깊어지고, 불은 더 뜨거워진다면, 즉 포학한 정치가 계속되어 백성들의 고통이 더욱 심해진다면, 백성들의 마음은 또다시 다른 곳으로 옮겨 갈 뿐입니다."

역자 해설

『전국책戰國策』의 기록에 따르면, 제나라가 연나라를 침략한 것은 제나라 선왕 5년(기원전 315)이다. 연나라의 왕인 쾌噲가 재상인 자지子之에게 왕위를 넘기자, 태자 평平이 장군 시피市被와 연합해 자지를 공격하며 내분이 일어났다. 제나라는 바로 이 틈을 노려 연나라를 공격하였는데, 이 전쟁에서 연나라 왕인 쾌와 재상 자지는 죽고, 결국 기원전 312년 태자 평의 동생인 연나라 소왕이 즉위하게 되었다. 제나라 선왕과 맹자의 대화는 제나라가 연나라를 침략한 이듬해인 기원전 314년으로 추정된다. 『전국책』 제9권 「제이齊二」에는 "한나라와 제나라는 환란이 있을 때 서로 돕는 나라다. 한의 사신인 장의가 와서 진과 위나라가 한을 치고자 하는 것을 아뢰고 도움을 청하였다. 그러나 제나라 선왕은 '한나라는 우리나라와 우호 관계를 맺고 있는 나라이니, 만약 진이 쳐들어온다면, 우리는 당연히 한나라를 도와 그들을 물리쳐야 한다.'라고 말하였다. 그러자 선왕의 신하인 사신사는 '왕의 생각이 잘못되었으니, 들을만하지 않습니다. 자쾌와 자지의 연나라는 백성들이 받들지 않고, 제후들이 서로 돕지 않습니다. 만약 진秦나라가 한나라를 쳐들어오게 되면, 초나라와 조나라가 반드시 도와서 구하게 될 것이니, 하늘이 연나라를 우리 제나라에게 주는 좋은 기회입니다.'라고 말하였다. 선왕은 '좋은 생각이다.'라고 말하고는, 한나라의 사자를 돌아가도록 하였다. 한나라는 제나라의 도움을 받을 수 있다고 스스로 생각하고, 진나라와 전쟁을 벌였지만, 과연 초나라와 조나라가 급히 군사를 일으켜 한나라를 돕고, 제나라는 이 틈을 노려 군사를 일으켜 연나라를 공격, 삼십여 일 만에 연나라를 무너뜨리고 승리를 거두게 되었다(韓齊爲與國. 張儀以秦魏伐韓. 齊王曰: '韓吾與國也.秦伐之,吾將救之.' 田臣思曰: '王之謀過矣, 不如聽之. 子噲與子之國, 百姓不戴, 諸侯不與. 秦伐韓, 楚趙必救之, 是天下以燕賜我也.' 王曰:'善.' 乃許韓使者而遣. 韓自以得交於齊, 遂與秦戰. 楚趙果遽起兵而救韓, 齊因起兵攻燕, 三十日而擧燕國.)"고 기록되어 있다. 선왕이 맹자에게 50일 만에 승리를 거두었다고 말하였는데, 『전국책』에서는 30일로 기록되어 있다. 『전국책』의 삼십 일은 오십 일의 잘못된 기록으로 보인다.

열한 번째

11

齊人伐燕, 取之. 諸侯將謀救燕.

宣王曰, "諸侯多謀伐寡人者, 何以待之?"

孟子對曰, "臣聞七十里爲政於天下者, 湯是也. 未聞以千里畏人者也. 書曰, '湯一征, 自葛始.' 天下信之, 東面而征, 西夷怨. 南面而征, 北狄怨, 曰, '奚爲後我?' 民望之, 若大旱之望雲霓也. 歸市者不止, 耕者不變, 誅其君而吊其民, 若時雨降. 民大悅. 書曰, '徯我后, 后來其蘇.' 今燕虐其民, 王往而征之, 民以爲將拯己於水火之中也, 簞食壺漿以迎王師. 若殺其父兄, 係累其子弟, 毁其宗廟, 遷其重器, 如之何其可也? 天下固畏齊之彊也, 今又倍地而不行仁政, 是動天下之兵也. 王速出令, 反其旄倪, 止其重器, 謀於燕衆, 置君而後去之, 則猶可及止也."

제나라 군대가 연燕나라를 정벌하여 합병하자, 여러 제후가 연나라를 지원하려고 계획하였다.

선왕이 맹자에게 말하였다. "여러 제후가 나를 공격하기 위해서 준비하는데, 어떻게 대처하면 좋겠습니까?"

맹자가 대답하였다. "저는 겨우 사방 70리의 국토에 의지해서

천하를 다스린 사람이 있었다는 이야기를 들은 적이 있는데, 그 사람이 바로 탕입니다. 그러나 저는 아직 사방 천리의 국토를 가지고서도 다른 나라를 두려워했다는 이야기는 들어본 적이 없습니다. 『서경書經』에도 '탕의 첫 정벌은 갈백葛伯에서 시작하였다'라고 기록하고 있는데, 세상의 백성들이 모두 그를 신뢰하여, '동쪽으로 정벌을 떠나면, 서쪽의 백성들이 원망하였고, 남쪽으로 정벌을 떠나면, 북쪽의 백성들이 원망하며, 말하기를 왜 먼저 이곳으로 오지 않고 우리를 뒤로 돌리는가?'라고 하였습니다. 백성들이 그를 기다리는 것이, 마치 오랜 가뭄 끝에 비를 뿌리려 피어오르는 먹구름과 무지개를 기다리는 것과 같았습니다. 시장에서 물건을 사고팔기 위해 사람들은 평소와 다름없이 오고 갔으며, 밭을 가는 농부는 평소와 다름없이 농사에 열중하였고, 다만 포학한 군주들을 죽임으로써, 학정에 시달리던 백성들을 위로해 주었을 뿐입니다. 이런 탕의 정벌은 마치 때를 맞춰 내리는 비와 같아서, 백성들이 크게 기뻐하였습니다. 그래서 『서경』에는 '군주 오시길 기다렸는데, 군주가 오셨으니 이제는 살았구나!'라고 하였던 것입니다. 지금 연나라의 군주가 백성들을 학대하는 것을 보고, 왕께서 군사를 거느리고 가 그를 정벌하자, 연나라의 백성들은 왕이 그들을 홍수와 화재의 재난과 같은 학정虐政에서 구해주리라 생각하고, 대바구니에 밥을 담고, 호로병에 음료수를 채워 왕의 군대를 환영하였던 것입니다. 그런데 만약 왕의 군대가 그들의 부모를 죽이고, 자식들은 포로로 잡아 와 버리며, 그들의 종묘와 사당을 헐어버리고, 그들의 소중한 보물들을 약탈해 온다면, 그것을 어떻게 옳다고 하겠습니까? 세상의 여러 나라는 본래 제나라가 강하다는 것을 알고 두려워하였는데, 지금 다시 제나라의 국토가 두 배로 넓어졌음에도 불구하고 여전히 인정仁政을 행하지 않고, 포학무도하다면, 자연히 여러 나라가 군사를 일으켜 제나라를 공격하는 결과를 초래하게 될 것입니다. 왕께서는 속히 명령을 내려, 잡아 온 늙고 어린 포로들을 모두 돌려보내고, 그들의 보물들을 약탈해 오는 것을 멈추도록 한 후에, 연나라의 백성들과 의논하여 새로운 군주를 세우고, 군사들을 연나라에서 철수한다면, 제후들의 공격을 멈추게 할 수 있을 것입니다."

역자 해설

기원전 315년 제나라가 연나라로 쳐들어가 50일 만에 승리하였다. 그리고 그 이듬해인 기원전 314년에는 연나라를 제나라에 편입시키려 하지만, 제나라가 이렇게 강대하게 커지고 확대되는 것을 다른 제후국들은 원하지 않았다. 맹자가 선왕과 만나 대화를 나누는 시기는 다른 여러 제후국이 연합해 정치적 군사적 압력을 행사하면서, 제나라가 퇴각하도록 만드는 상황으로 이해된다. 기원전 324년을 전후해 진秦나라가 동쪽으로 세력을 넓혀오자, 소진蘇秦이 다른 여러 나라가 연합해 대항해야 한다고 설득하면서, 연燕, 제齊, 조趙, 한韓, 위魏, 초楚 등의 나라가 연합하여 진秦이 동쪽으로 진출하는 것을 막은 것도 같은 이유였다고 이해할 수 있다. 제자백가 가운데 합종연횡을 주장했던 종횡가縱橫家의 활약과 깊이 관련되어 있다.

열두 번째
12

鄒與魯鬨. 穆公問曰, "吾有司死者三十三人, 而民莫之死也. 誅之, 則不可勝誅. 不誅, 則疾視其長上之死而不救, 如之何則可也?"

孟子對曰, "凶年饑歲, 君之民老弱轉乎溝壑, 壯者散而之四方者, 幾千人矣. 而君之倉廩實, 府庫充, 有司莫以告, 是上慢而殘下也. 曾子曰, '戒之戒之! 出乎爾者, 反乎爾者也.' 夫民今而後得反之也. 君無尤焉! 君行仁政, 斯民親其上, 死其長矣."

추나라와 노나라 사이에 전투가 벌어졌다. 추나라의 목공이 맹자에게 물었다. "이번 전투에서 아군의 지휘관은 33명이나 희생되었는데, 병사로 참전한 백성들은 아무도 그들의 지휘관을 위해 희생하지 않았습니다. 자기를 희생해 지휘관을 구하지 않은 병사들을 모두 죽이고 싶지만, 그 병사가 너무 많아 모두를 다 죽일 수는 없고, 죽이지 않으려니 지휘관이 죽어가는 것을 보고도 구해주지 않은 것을 용서하지 못하겠습니다. 어떻게 하면 좋겠습니까?"

맹자가 대답하였다. "천재지변 등의 재앙이 있은 해나, 기근이 든 때에, 왕의 백성 가운데 노약자는 기아에 허덕이며 전전하다 산골짜기에서 죽어가고, 젊은 장정들은 흩어져 사방팔방으로 식량을 찾아 가버린 사람이 이미 천 명에 가깝습니다. 그런데도 왕의 창고는 곡식으로 가득 차 있고, 물건을 넣어두는 창고 역시 가득 차 있었습니다. 그런데도 관리들은 백성들이 겪고 있는 고초와 창고에 곡식과 물건이 가득하다는 사실을 왕께 보고하지 않았습니다. 이것은 관리들이 태만하여 백성들에게 관심을 보이지 않고, 백성들을 잔혹하게 다룬 것입니다. 증자는 '경계하고 경계하라, 네가 다른 사람을 어떻게 대하느냐에 따라 다른 사람도 너를 똑같은 방법으로 대한다'라고 말하였습니다. 이제 백성들은 그들이 받았던 것을 되돌려 주는 것일 뿐이니, 왕께서는 그들을 탓하지 마십시오. 왕께서 인仁을 실천하는 정치를 한다면, 이 백성들은 자연히 윗사람을 따르고 옹호하여, 윗사람을 위해 죽음도 사양하지 않게 될 것입니다."

역자 해설

추나라는 맹자가 태어난 곳이고, 노나라는 공자가 태어난 곳이다. 추나라는 전욱顓頊의 후예인 협挾에게 분봉된 나라로, 국성國性은 조曹이고, 수도는 추鄒(지금의 산동성山東省 추현鄒縣)에 있었다. 기원전 281년을 전후해서 초나라에 의해 멸망하였다. 노魯나라는 주공에게 분봉된 제후국으로, 수도는 곡부이며 지금의 산동성 서남부지역을 차지하고 있었다. 기원전 256년 역시 초나라에 의해 멸망하였다.

인용된 증자의 말 '출호이자出乎爾者, 반호이자反乎爾者'의 출처는 알려지지 않는다. 직역하자면, '너에게서 나온 것은, 너에게로 되돌아간다'라고 풀이되지만, 의역하자면, '네가 다른 사람을 어떻게 대하느냐에 따라, 다른 사람도 너를 똑같은 방법으로 대한다'라는 뜻이다. 관리들이 백성들에게 아무런 관심을 보이지 않았으니, 당연히 백성들도 관리들이 죽어가는 상황에서 관심을 보이지 않았다는 뜻이다.

열세 번째 13

滕文公問曰, "滕, 小國也, 間於齊楚. 事齊乎? 事楚乎?"

孟子對曰, "是謀非吾所能及也. 無已, 則有一焉. 鑿斯池也, 築斯城也, 與民守之, 效死而民弗去, 則是可爲也."

등나라의 문공이 물었다. "등나라는 약하고 작은 나라로, 강대국인 제나라와 초나라의 사이에 끼어있습니다. 나라를 보전하려면 제나라를 섬겨야 하겠습니까? 아니면 초나라를 섬겨야 하겠습니까?"

맹자가 대답하여 말하였다. "그 문제는 제가 답을 할 수 있는 것이 아닙니다. 만약 반드시 제 의견을 듣고자 하신다면, 하나의 방법이 있기는 합니다. 성 주변에 못을 깊이 파고, 성벽을 견고하게 쌓으며, 백성과 함께 그것을 지키되, 죽을지언정 백성들이 이 나라를 버리고 떠나지 않게 하는 방법은 한번 시도해볼 만합니다."

역자 해설

등나라의 국성國性은 희姬씨이고, 주周나라 문왕文王의 아들인 착숙수錯叔繡에게 분봉 된 나라였다. 지금의 산동성山東省 등현滕縣에 있었고, 기원전 414년 월越나라에 의해 멸망했다가, 오래지 않아 나라를 재건했지만, 다시 송宋나라에 의해 멸망하였다. 일설에는 제나라에 의해 멸망하였다는 설도 있다. 이 구절은 작은 나라가 어떻게 살아남을 수 있는지 묻는 질문에 대한 맹자의 대답이다. 힘 있는 나라를 선택해 섬기는 것에 작은 나라의 명운이 달려 있는 것이 아니라, 스스로 단결하고 힘을 모으는 노력이 무엇보다 우선된다는 점을 맹자는 지적하고 있다. 문공이 제나라나 초나라 가운데 어느 나라를 섬길 것인가 고심하는 근본적인 이유는 등나라의 보전에 있었지만, 등문공은 고심하면서도 문제의 핵심이 무엇인지 모르고 있었다. 맹자는 등나라를 보전하기 위해서는 제나라나 초나라 가운데 어느 한 나라를 섬길 것인가 선택하는

데서 문제의 해결점을 찾지 않고, 가장 근본적인 해결방법을 이야기하고 있다.

열네 번째

14

滕文公問曰, "齊人將築薛, 吾甚恐, 如之何則可?"

孟子對曰, "昔者大王居邠, 狄人侵之, 去之岐山之下居焉. 非擇而取之, 不得已也. 苟爲善, 後世子孫必有王者矣. 君子創業垂統, 爲可繼也. 若夫成功, 則天也. 君如彼何哉? 彊爲善而已矣."

등나라 문공이 맹자에게 물었다. "제나라에서 설薛에 성곽을 쌓으려 하니, 내가 무척 걱정됩니다. 어떻게 하면 좋겠습니까?"

맹자가 대답하여 말하였다. "옛날 태왕이 빈邠에 거주할 때, 적인狄人이 침입해 오자, 그는 그 땅을 버리고 기산岐山 아래로 가 살았습니다. 그렇게 한 것은 그곳을 선택해 그 땅을 차지하고자 해서 그렇게 한 것이 아니라, 다른 방법이 없었기 때문이었습니다. 그러나 그는 진정으로 선한 정치를 실천했기에, 비록 본인은 아니더라도, 그의 후대 자손 중에 왕이 나올 수 있었습니다. 군자가 나라를 세워 국가의 통치권을 전하는 것은, 바로 그 나라를 보전하고 계승하기 위함입니다만, 그런 노력이 성공할 수 있는지는 천天에 달려 있을 뿐입니다. 지금 등나라의 형편에 왕께서 저 제나라를 어떻게 하시겠습니까? 단지 힘써 선한 정치를 실천하는 길이 있을 뿐입니다."

역자 해설

'설薛'은 본래 나라 이름으로, 국성國性은 임任이었다. 하夏나라 때 군정을 지낸 해중에게 봉한 제후국으로, 중훼仲虺에 이르러서 상商나라 탕湯 임금을 보좌하기도 하였다. 주周나라 초기에는 후작국侯爵國있었지만, 춘추시대에 들어와서는 백작국伯爵國으로 떨어졌고, 전국시대 초기에 제나라에 의해서 멸망하여, 국토는 제나라에 합병된 후, 전영田嬰과 그의 아들 전문田文의 봉지가 되었다.

열다섯 번째 15

滕文公問曰, "滕, 小國也. 竭力以事大國, 則不得免焉, 如之何則可?"

孟子對曰, "昔者大王居邠, 狄人侵之. 事之以皮幣, 不得免焉. 事之以犬馬, 不得免焉. 事之以珠玉, 不得免焉. 乃屬其耆老而告之曰*, '狄人之所欲者, 吾土地也. 吾聞之也. 君子不以其所以養人者害人. 二三子何患乎無君?

我將去之.' 去邠, 踰梁山, 邑于岐山之下居焉. 邠人曰, '仁人也, 不可失也.' 從之者如歸市. 或曰, '世守也, 非身之所能爲也. 效死勿去.' 君請擇於斯二者."

* '촉기기로屬其耆老'에서 '屬'은 촉으로 발음하며, '소집하다', '집합시키다' 등으로 해석한다. '기耆'는 60대 노인, '노老'는 70대 노인의 호칭이다. 여기서는 '기로耆老'가 함께 쓰여 일반적인 노인 혹은 나라(부족)의 장로를 지칭한다.

등나라 문공이 맹자에게 물었다. "등나라는 약한 나라입니다. 온 힘을 다해 강대국을 섬겨보지만, 그래도 그들의 침략과 위협에서 벗어날 수가 없습니다. 어떻게 하면 좋겠습니까?"

맹자가 대답하였다. "옛날 태왕이 빈 지역에서 살고 있을 때 적인狄人들이 침입해 왔습니다. 태왕은 가죽옷과 비단으로 그들을 섬겼으나 적인의 침입을 벗어날 수 없었습니다. 다시 개와 말로 그들을 섬겼으나 적인은 침략을 멈추지 않았습니다. 진주와 옥 같은 보물로 그들을 섬겨도 적인은 여전히 침략을 멈추지 않았습니다. 그래서 태왕은 나라의 장로들을 소집하여 그들에게 말하기를 '적인이 원하는 것은 나의 토지입니다. 언젠가 들은 것에 따르면, 군자는 사람을 기르는 토지 때문에 사람을 죽게 하지는 않는다고 하였습니다. 여러분이 어떻게 군주가 없는 것을 근심하겠습니까? 나는 이제 이곳을 떠날 것입니다.'라고 말하였습니다. 그리고 빈邠을 떠나 양산梁山을 넘어, 기산岐山 아래 읍에서 살았습니다. 빈에 사는 백성들 가운데 '이분은 인을 실천하니 그를 잃을 수 없다'라고 말하며, 그를 따라간 사람들이 시장으로 몰려드는 사람처럼 많았습니다. 그러나 어떤 사람은 '이곳은 조상 대대로 지켜온 땅이므로 혼자 쉽게 결정해서 이 땅을 버릴 수 없으니, 죽어도 떠날 수 없다'라고 말하기도 하였습니다. 왕께서는 이와 같은 두 가지 의견 중에서 한 가지를 선택하시지요."

역자 해설

주나라를 세운 문왕과 무왕의 선조인 태왕 고공단보의 사례를 작은 나라의 군주인 등나라 문공에게 설명하는 맹자의 의도는 분명하다. 군주가 덕을 닦으면 땅을 버리고 다른 곳으로 가더라도 백성은 따르게 될 것이고, 당대에 그 결과를 얻지 못하더라도 고공단보처럼 후손 중에서 반드시 왕이 출현하게 될 것을 설명하고 있다. 땅의 크기가 중요한 것도 아니고, 현재의 약한 모습이 전부인 것도 아닌, 덕을 닦아 인정왕도를 실천하는 것이 가장 중요하다는 것을 강조한다고 이해할 수 있다.

열여섯 번째 16

魯平公將出, 嬖人臧倉者請曰, "他日君出, 則必命有司所之. 今乘輿已駕矣, 有司未知所之, 敢請."

公曰, "將見孟子."

曰, "何哉, 君所謂輕身以善於匹夫者? 以爲賢乎? 禮義由賢者出, 而孟子之後喪踰前喪. 君無見焉!"

公曰, "諾."

樂正子入見, 曰, "君奚爲不見孟軻也?"

曰, "或告寡人曰, '孟子之後喪踰前喪', 是以不往見也."

曰, "何哉, 君所謂踰者? 前以士, 後以大夫. 前以三鼎, 而後以五鼎與?"*

曰, "否. 謂棺槨衣衾之美也."

曰, "非所謂踰也, 貧富不同也."

樂正子見孟子, 曰, "克告於君, 君爲來見也. 嬖人有臧倉者沮君, 君是以不果來也."

曰, "行, 或使之. 止, 或尼之. 行止, 非人所能也. 吾之不遇魯侯, 天也. 臧氏之子焉能使予不遇哉?"

* '정鼎'은 보통 향로 모양의 세 발 달린 솥을 가리키지만, 이 솥은 오늘날과는 달리 그 자체가 그릇으로도 쓰였다. 맹자 당시 제사를 지낼 때, 이 정鼎에 제사 음식을 담았으며, 신분에 따라 진설하는 음식과 가지 수에 있어 차이가 있었다. 『공양전公羊傳』「환공桓公2년」의 내용을 하휴何休가 해설하면서 "예의에 맞는 제사는, 천자는 9정을, 제후는 7정을, 경대부는 5정을, 선비는 3정을 진설한다(禮祭, 天子九鼎, 諸侯七鼎, 卿大夫五, 元士三也)"라고 하였다. 이 점에서 보자면 삼정三鼎과 오정五鼎은 선비와 대부가 제사 음식

을 진설하는 숫자에서 차이를 가리킨다. 삼정三鼎은 "고기 한 그릇, 생선 한 그릇, 육포 한 그릇(牲鼎一, 魚鼎二, 腊鼎三)"으로 구성되었고, 오정五鼎은 "양고기 한 그릇, 돼지고기 한 그릇, 돼지껍질 한 그릇, 생선 한 그릇, 육포 한 그릇(羊一, 豕二, 膚三, 魚四, 腊五)으로 구성되었다.

노나라의 군주인 평공이 외출하려는데, 총애하는 신하 장창이 평공에게 물었다. "예전에는 외출하실 때에 반드시 준비하는 관리에게 가실 곳을 통지하셨는데, 오늘은 마차가 이미 준비되었는데도 관리들이 아직 가시는 곳을 알지 못합니다. 어디로 가시는지요?"

평공이 대답하였다. "맹자를 만나러 가고자 하네."

장창이 다시 말했다. "군주께서 스스로 몸을 낮추어, 먼저 보잘것없는 그를 찾아가시는 것은 무엇 때문입니까? 그 사람이 현자賢者라고 생각하십니까? 현자의 행위는 마땅히 예의禮義에 부합해야 합니다만, 맹자는 그의 모친상을 이전의 부친상에 비해 지나치게 성대하게 치렀던 사람입니다. 그래서 그는 현자라고 할 수 없으니 군주께서는 그를 만나지 마십시오."

평공이 대답하였다. "알았네."

악정자가 평공을 만나 물었다. "군주께서는 왜 맹가孟軻(맹자)를 만나보지 않으셨습니까?"

평공이 대답하였다. "어떤 사람이 나에게 '맹자는 그의 모친상을 이전의 부친상에 비해 지나치게 성대하게 치렀다'고 말하기에 만나러 가지 않았네."

악정자가 말하였다. "군주께서 말씀하시는 지나치게 성대했다는 것은 무엇을 말하는 것입니까? 부친상은 사士의 예로 치렀고, 모친상은 대부의 예로 치른 것을 말하는 것입니까? 아니면 부친상에서는 세 가지 제물(三鼎)을 진설하였고, 모친상은 다섯 가지 제물(五鼎)을 진설한 것을 말하는 것입니까?"

평공이 대답하였다. "그런 것들을 이야기하는 것이 아니라, 관과 수의의 사치스러움을 말하는 것이다."

악정자가 대답하였다. "그런 것들이라면 더욱더 지나치게 성대했다고 할 수 없고, 다만 전후의 경제적인 여건이 같지 않았을 뿐입니다."

악정자가 맹자를 찾아와 말하였다. "제가 군주께 선생님에 대해 말씀드렸더니, 군주께서는 선생님을 만나보고자 하였는데, 그의 총애하는 신하인 장창이란 사람이 군주의 발길을 막아 오지 못하고 말았습니다."

맹자가 말하였다. "사람이 어떤 일을 하는 데 있어서 반드시 어떤 사람이 그렇게 일을 진행하도록 하고, 그것을 중도에 그만두는 데도 반드시 어떤 사람이 그렇게 중도에 그만두게도 하지만, 그러나 그렇게 나아가고 멈추는 것이 단순히 사람의 힘만으로 되는 것은 아니라네. 내가 노나라의 군주를 만나지 못한 것은 천天의 뜻이지, 그 장씨 성의 사내가 어떻게 내가 노나라의 군주를 만나지 못하도록 할 수 있겠는가?"

역자 해설

노나라 평공平公은 경공景公의 아들로, 이름은 숙叔이고 평平은 시호諡號다. 평공의 6대조인 도공悼公 시대에 이미 노나라의 실권은 삼환三桓(노나라 환공의 아들인 계손씨, 숙손씨, 맹손씨)에게 넘어가고, 노나라의 군주는 아무런 실권이 없는 제후로 몰락하고 말았다. 평공이 실권없는 몰락한 군주였다는 것은 맹자를 궁으로 불러 만나려 한 것이 아니라, 스스로 맹자를 찾아가려 했다는 점에서도 확인된다. 이 평공과 맹자의 만남을 중간에서 주선한 것으로 보이는 악정자는 맹자의 제자 가운데 한 사람으로, 노나라의 대부였다. 이름은 극克이다.

03. 공손추장구公孫丑章句 상上

첫 번째

1

公孫丑問曰, "夫子當路於齊, 管仲晏子之功, 可復許乎?"

孟子曰, "子誠齊人也*, 知管仲·晏子而已矣. 或問乎曾西曰, '吾子與子路孰賢?' 曾西蹴然曰, '吾先子之所畏也.' 曰, '然則吾子與管仲孰賢?' 曾西艴然不悅, 曰, '爾何曾比予於管仲? 管仲得君如彼其專也, 行乎國政如彼其久也, 功烈如彼其卑也. 爾何曾比予於是?'" 曰, "管仲, 曾西之所不爲也, 而子爲我願之乎?"

曰, "管仲以其君霸**, 晏子以其君顯. 管仲·晏子猶不足爲與?"

曰, "以齊王, 由反手也."

曰, "若是, 則弟子之惑滋甚. 且以文王之德, 百年而後崩, 猶未洽於天下. 武王·周公繼之, 然後大行. 今言王若易然, 則文王不足法與?"

曰, "文王何可當也? 由湯至於武丁, 聖賢之君六七作, 天下歸殷久矣, 久則難變也. 武丁朝諸侯, 有天下, 猶運之掌也. 紂之去武丁未久也, 其故家遺俗, 流風善政, 猶有存者. 又有微子·微仲·王子比干·箕子·膠鬲皆賢人也, 相與輔相之, 故久而後失之也. 尺地, 莫非其有也. 一民莫非其臣也. 然而文王猶方百里起, 是以難也. 齊人有言曰, '雖有智慧, 不如乘勢. 雖有鎡 基, 不如待時.' 今時則易然也, 夏后·殷·周之盛, 地未有過千里者也, 而齊有其地矣. 雞鳴狗吠相聞, 而達乎四境, 而齊有其民矣. 地不改辟矣, 民不改聚矣, 行仁政而王, 莫之能禦也. 且王者之不作, 未有疏於此時者也. 民之憔悴於虐政, 未有甚於此時者也. 飢者易爲食, 渴者易爲飮. 孔子曰, '德之流行, 速於置郵而傳命.' 當今之時, 萬乘之國行仁政, 民之悅之, 猶解倒懸也. 故事半古之人, 功必倍之, 惟此時爲然."

* '자성제인야子誠齊人也'에서 '자子'는 맹자가 공손추를 부른 말이다. 『백호통白虎通』에서는 "자子는 성인 남자를 부르는 일반적인 호칭(子者, 丈夫之通稱)"이라 하였고, 고염무顧炎武의 『일지록日知錄』에서는 "주나라의 제도에 의하면, 공·후·백·자·남의 다섯 등급으로 지위를 나누었으며, 대부가 비록 귀한 지위였지만, 감히 자子라 부르지는 못하였다. 그러나 춘추시대의 희문僖文이후, 정치를 맡은 경상卿相을 자子라 부르기 시작하였고, 그 후

에는 일반 서민 중에서 학문으로 일가一家를 이룬 사람 역시 자子라는 호칭을 얻었는데, 노자와 공자가 그 경우이다(周制公侯伯子男爲五等之爵, 而大夫雖貴, 不敢稱子. 春秋自僖文以後, 執政之卿始稱子. 其後匹夫爲學者所宗亦得稱子, 老子孔子是也.)"라고 기록하고 있다.

** 패는 춘추오패, 곧 춘추시대 5명의 패자를 가리킨다. 보통 제후를 모아서 그 회맹會盟의 맹주가 된 군주를 패자라고 부르는데, 5명의 패자가 구체적으로 누구를 지칭하는지는 일정하지 않다. 『순자荀子』에서는 제齊나라 환공桓公, 진晉나라 문공文公, 초楚나라 장왕莊王, 오吳나라 합려闔廬, 월越나라 구천句踐을 꼽았고, 조기趙岐와 손석孫奭의 『맹자주소孟子註疏』에서는 제나라 환공, 진晉의 문공, 초의 장공, 진秦의 목공穆公, 송宋의 양공襄公을 들었다. 또 초나라 장왕 대신에 오吳나라 부차夫差를 꼽는 때도 있다. 춘추시대에는 대체로 진晉나라와 초나라, 또는 제나라와 진秦나라 등 큰 힘을 가진 제후가 중심이 되어 서로 세력을 다투고 회맹을 되풀이하였으므로 춘추오패에 국한해 말할 때는 논자에 따라 그 대상이 다르다.

공손추가 맹자에게 물었다. "선생님께서 만약 제나라에서 관직에 오르신다면, 관중과 안자의 공적을 재연할 수 있겠습니까?"

맹자가 대답하였다. "자네는 정말 제나라 사람이네, 오직 제나라의 관중과 안자를 알뿐이니. 어떤 사람이 증서에게 '당신과 자로 중 누가 더 현인인가?'라고 물으니, 증서가 불편해하며 '그분은 선친인 증삼曾參께서도 존경하셨던 분이네. 그런데 어떻게 나와 그분을 비교하는가?'라고 대답하였네. 그러자 그 사람이 '그렇다면 당신과 관중을 비교한다면 누가 더 현인인가?'라고 다시 물어오자, 증서는 얼굴에 노기를 띠며 불쾌하다는 듯이 말하기를 '자네는 어떻게 나를 관중과 같은 사람에게 비교하는가? 관중은 제나라 환공의 신임을 얻은 것이 그와 같이 깊었고, 나라의 정치를 맡아 본 것이 그토록 오래되었는데도 공적은 그토록 보잘것없는데, 자네는 어떻게 나를 그 같은 사람에게 비교하는가?'라고 하였다네."

이어서 맹자는 이렇게 말하였다. "관중은 증서가 비교되는 것조차 싫어 한 사람인데, 자네가 생각하기에 내가 그 사람(관중)처럼 되기를 바란다는 말인가?"

공손추가 말하였다. "관중은 환공을 보좌하여 그를 제후 중의 패자가 되도록 하였고, 안자는 경공을 보좌하여 그를 제후들 가운데 이름을 드높였습니다. 그들의 공적이 이와 같은데 관중과 안자가 어떻게 본받기에 부족하다는 것입니까?"

맹자가 대답하였다. "제나라를 기반으로 진정한 왕이 되는 것은 손바닥을 뒤집는 것같이 쉬운 일이네."

공손추가 말하였다. "선생께서 그와 같이 말씀하시니, 저는 더욱 이해할 수 없습니다. 문왕과 같이 덕德을 갖춘 사람도, 백 년 가까운 세월을 살고 돌아가셨지만, 그가 시행한 정치가 천하에 골고루 혜택을 주지 못했고, 무왕과 주공이 그의 업적을 계승한 후에야, 겨우 크게 실행할 수 있었습니다. 지금 선생께서는 왕이 되는 것이 그처럼 쉽다고 하시니, 그렇다면 근 백 년 동안 다스렸던 문왕도 본받기에 부족하다는 것입니까?"

맹자가 대답하였다. "문왕을 그렇게 평가한다면 어떻게 옳겠는가? 탕으로부터 무정에 이르기까지 현명한 군주가 모두 6, 7인이나 있어서, 세상 사람들이 은(상)나라에 귀의하여 복종하게 된 것이 이미 오래되었고, 이렇게 오래된 것은 변하기가 매우 어려운 것이라네. 무정이 제후들에게 그를 알현하도록 하고 천하를 다스릴 수 있었던 것은 손을 뒤집는 것처럼 쉬운 것이었네. 은나라의 마지막 왕인 주紂는 이런 무정의 시대로부터 오래지 않은 때였고, 그 유서 깊은 집안과 훌륭한 전통, 그리고 전해져 온 풍속과 선한 정치는 여전히 영향을 주고 있었다네. 더욱이 미자와 미중, 왕자 비간과 기자, 그리고 교력膠鬲이 있었는데, 이 사람들은 모두 현인들로, 이들이 모두 왕인 주紂를 보좌하였기에 그나마 오래 버티다 망하였던 것이네. 당시 한 자의 땅도 주紂에게 예속되지 않은 것이 없었고, 한 사람의 백성도 그에게 복종하지 않는 사람이 없는 상황이었는데, 문왕은 겨우 사방 백 리의 국토에 의지해 나라를 세웠으므로, 당연히 쉽지 않았네. 제나라 속담에 '아무리 지혜롭다 하더라도 시세를 이용하는 것보다 못하고, 아무리 농기구가 준비되었다 하더라도 시기를 기다려 농사짓는 것보다 못하다.'라는 말이 있는데, 지금이 바로 쉽게 공적을 이룰 수 있는 때라네. 하夏 · 은殷 · 주周 세 왕조가 흥성할 때에도, 사방 천 리가 넘는 국토를 가지지 못하였는데, 지금 제나라는 그런 국토를 가지고 있고, 닭 우는소리와 개 짖는 소리가 서로 들리는 것이 끊어지지 않고 사방의 국경에까지 이를 만큼, 제나라에는 많은 백성이 있다네. 더 국토를 확장할 필요도 없고, 백성들을 더 모을 것도 없이, 단지 인을 실천하는 정치를 해서 진정한 왕이 된다면, 누구도 그것을 막을 수 없을 것이네. 더군다나 진정한 왕이 나오지 않은 지가 이렇게 오래된 적이 없었고, 백성들이 포학한 정치에 시달린 것이 지금보다 더 심한 때가 없었다네. 굶주린 사람은 음식을 골라서 먹지 않기에 쉽게 음식을 장만해 줄 수 있고, 목마른 사람은 음료를 고르지 않기에 쉽게 음료를 장만해 줄 수 있는 것이라네. 공자께서도 '덕의 유행은 역마를 갈아타고 명령을 전달하는 것보다 빠르다.'라고 하셨네. 지금 같은 때에 전차 1만 대를 보유한 나라가 인을 실천하는 정치를 한다면, 백성들의 기쁨은 마치 거꾸로 묶여 있다가 풀려난 것과 같을 것이네. 그러므로 일을 옛사람의 절반만 해도, 그 공적은 반드시 옛사람의 배가 될 것인데, 오직 지금 그럴 뿐이네."

역자 해설

공손추公孫丑는 맹자의 제자이면서, 제나라 사람이다. 성이 공손公孫이고, 이름은 추丑이다. 이 공손추가 최고의 정치가라고 생각한 관중管仲(?~기원전 645)과 안영晏嬰(?~기원전 500)은 모두 제나라 사람으로, 관중의 이름은 이오夷吾, 자字는 중仲으로 영상潁上 사람이다. 제나라의 환공 때에 재상에 임명된 후, 환공을 보좌해 패업을 완성하였다. 저서로 『관자管子』가 전해지고 있다. 안영의 자字는 평중平仲이고, 이유夷維(지금의 산동성山東省 고밀현高密縣) 사람이다. 기원전 556년(제나라 영공26년)에 부친인 안약晏弱이 세상을 떠나자, 그 자리를 계승해, 영공, 장공, 경공의 3대에 걸쳐 재상을 지냈다. 『안자춘추晏子春秋』가 그의 저서로 알려져 있다. 만약 정치를 한다면 이 관중과 안영만큼의 공적을 다시 세울 수 있는지를 묻는 공손추의 질문에 맹자는 제나라에서라면 손바닥을 뒤집는 것만큼 쉬운 일이라고 말한다.

맹자의 이야기를 이해하기 위해서는 탕으로부터 무정, 그리고 마지막 왕인 주에 이르는 과정에 대한 이해도 필요하다. 『사기史記』에 따르면 상나라를 세운 탕으로부터 무정에 이르기까지 그 사이에 모두 20명(外丙, 中任, 太甲(太宗), 沃丁, 太庚, 小甲, 雍己, 太戊(中宗), 仲丁, 外任, 河亶甲, 祖乙, 祖辛, 沃甲, 祖丁, 南庚, 陽甲, 盤庚, 小辛, 小乙)의 왕이 있었는데, 그 가운데 태갑, 태무, 조을, 반경 등은 탕, 무정(高宗)과 함께 모두 현군이었고, 이 여섯 군주와 무정의 뒤를 이은 조갑祖甲까지 합하면 일곱 명의 군주가 된다. 또 무정으로부터 상(은)의 마지막 군주인 주紂에 이르기까지 그 사이에 7명(祖庚, 祖甲, 廩辛, 庚丁, 武乙, 太丁, 帝乙)의 군주가 있었다. 제을의 장자長子는 본래 미자계微子啓였으나, 그가 태어날 당시 그 생모는 정부인이 아니었고 첩에 불과했다. 그러나 미자계의 동생인 신辛이 태어날 때, 그 모친은 첩의 신분이 아니라 제을의 정부인이 되었기 때문에 신이 제위를 계승하였고, 그가 바로 은의 마지막 군주인 주紂이다. 하지만 『여씨춘추呂氏春秋』의 기록에 따르면 "주의 형제는 세 사람으로, 그 맏이가 미자계이며, 둘째는 중연이고, 그다음이 수덕이다. 수덕이 바로 주紂이다. 주의 모친이 미자계와 중

연을 낳을 때는 첩의 신분이었지만, 정부인이 된 후에 주를 낳았다."(紂之同母三人, 其長曰微子啓, 其次曰仲衍, 其次曰受德, 受德乃紂也. 紂之母生微子啓與仲衍也, 其時尙猶爲妾, 已而爲妻而生紂.)라고도 기록되어 있다. 무정으로부터 주에 이르기까지 비록 7명의 군주가 있었으나, 그들의 재위 기간이 대부분 짧았기 때문에 무정으로부터 마지막 왕인 주까지의 기간은 길지 않았다.

두 번째 2

公孫丑問曰, "夫子加齊之卿相, 得行道焉, 雖由此霸王, 不異矣. 如此, 則動心否乎?"

孟子曰, "否, 我四十不動心."

曰, "若是, 則夫子過孟賁遠矣."

曰, "是不難, 告子先我不動心."

曰, "不動心有道乎?"

曰, "有. 北宮黝之養勇也, 不膚橈, 不目逃, 思以一毫挫於人, 若撻之於市朝. 不受於褐寬博, 亦不受於萬乘之君. 視刺萬乘之君, 若刺褐夫. 無嚴諸侯, 惡聲至, 必反之. 孟施舍之所養勇也, 曰, '視不勝猶勝也. 量敵而後進, 慮勝而後會, 是畏三軍者也. 舍豈能爲必勝哉? 能無懼而已矣.' 孟施舍似曾子, 北宮黝似子夏. 夫二子之勇, 未知其孰賢, 然而孟施舍守約也. 昔者曾子謂子襄曰, '子好勇

乎? 吾嘗聞大勇於夫子矣. 自反而不縮, 雖褐寬博, 吾不惴焉. 自反而縮, 雖千萬人, 吾往矣.' 孟施舍之守氣, 又不如曾子之守約也."

曰, "敢問夫子之不動心與告子之不動心, 可得聞與?"

"告子曰, '不得於言, 勿求於心. 不得於心, 勿求於氣.' 不得於心, 勿求於氣, 可. 不得於言, 勿求於心, 不可. 夫志, 氣之帥也. 氣, 體之充也. 夫志至焉, 氣次焉. 故曰, '持其志, 無暴其氣.'"

旣曰, '志至焉, 氣次焉.' 又曰, '持其志, 無暴其氣.'者, 何也?"

曰, "志壹則動氣, 氣壹則動志也, 今夫蹶者趨者, 是氣也, 而反動其心."

"敢問夫子惡乎長?"

曰, "我知言, 我善養吾浩然之氣."

"敢問何爲浩然之氣?"

曰, "難言也. 其爲氣也, 至大至剛, 以直養而無害, 則塞於天地之間. 其爲氣也, 配義與道, 無是, 餒也. 是集義所生者, 非義襲而取之也. 行有不慊於心, 則餒矣. 我故曰, 告子未嘗知義, 以其外之也. 必有事焉, 而勿正, 心勿忘, 勿助長也. 無若宋人然, 宋人有閔其苗之不長而揠之者, 芒芒然歸, 謂其人曰, '今日病矣! 予助苗長矣!' 其子趨而往視之, 苗則槁矣. 天下之不助苗長者寡矣. 以爲無益而舍之者, 不耘苗者也, 助之長者, 揠苗者也, 非徒無益, 而又害之."

"何謂知言?"

曰, "詖辭知其所蔽, 淫辭知其所陷, 邪辭知其所離, 遁辭知其所窮.* 生於其心, 害於其政. 發於其政, 害於其事. 聖人復起, 必從吾言矣."

"宰我子貢善爲說辭. 冉牛閔子顔淵善言德行.** 孔子兼之, 曰, '我於辭命, 則不能也.' 然則夫子旣聖矣乎?"

曰, "惡! 是何言也? 昔者子貢問於孔子曰, '夫子聖矣乎?' 孔子曰, '聖則吾不能, 我學不厭而敎不倦也.' 子貢曰, '學不厭, 智也. 敎不倦, 仁也.*** 仁且智, 夫子旣聖矣.' 夫聖, 孔子不居. 是何言也?"

"昔者竊聞之, 子夏·子游·子張皆有聖人之一體, 冉牛·閔子·顔淵則具體而微, 敢問所安."

曰, "姑舍是."

曰, "伯夷·伊尹何如?"****

曰, "不同道. 非其君不事, 非其民不使. 治則進, 亂則退, 伯夷也. 何事非君, 何使非民. 治亦進, 亂亦進, 伊尹也. 可以仕則仕, 可以止則止, 可以久則久, 可以速則速, 孔子也. 皆古聖人也, 吾未能有行焉. 乃所願, 則學孔子也."

"伯夷·伊尹於孔子, 若是班乎?"

曰, "否. 自有生民而來, 未有孔子也."

曰, "然則有同與?"

曰, "有. 得百里之地而君之, 皆能以朝諸侯, 有天下. 行一不義, 殺一不辜, 而得天下, 皆不爲也. 是則同."

曰, "敢問其所以異?"

曰, "宰我子貢有若, 智足以知聖人, 汙不至阿其所好. 宰我曰, '以予觀於夫子, 賢於堯·舜遠矣.' 子貢曰, '見其禮而知其政, 聞其樂而知其德, 由百世之後, 等百世之王, 莫之能違也. 自生民以來, 未有夫子也.' 有若曰, '豈惟民哉? 麒麟之於走獸, 鳳凰之於飛鳥, 太山之於邱垤, 河海之於行潦, 類也. 聖人之於民, 亦類也. 出於其類, 拔乎其萃, 自生民以來, 未有盛於孔子也.'"

* 피사지기소폐詖辭知其所蔽에서 '피詖'를 『설문說文』에서는 '파頗'(치우칠 파)와 같은 뜻으로 해석하고 있는데, 이것은 『상서尙書』 「홍범洪範」에서 '무편무파無偏無頗'라고 말할 때와 같은 뜻이다. 주희도 같은 맥락에서 '피詖'를 '편피偏陂'로 해석하였다. 따라서 '피사詖辭'는 '한쪽으로 치우쳐 공정하지 못한 말'을 가리킨다. '폐蔽'는 곧 '장障'의 뜻으로 마음이 하나의 사물에 가려짐으로써 다른 사물을 제대로 인식하지 못하는 것을 가리킨다. 전체적으로는 마음에 장애가 있음으로써 한쪽으로 치우친 공정하지 못한 말을 하게 되므로, 공정하지 못한 말을 통해서 마음의 장애를 인식할 수 있음을 뜻한다.

음사지기소함淫辭知其所陷에서 '음淫'은 '과過'의 뜻이다. 『상서尙書』 「대우모大禹謨」 "망음우락罔淫于樂"의 '음淫'을 공영달孔穎達은 『상서정의尙書正義』에서 "음이라는 말은 지나치다는 뜻이다(淫者過度之意)"라고 해석하였다. 주자는 '음淫'을 '방탕放蕩'으로 해석하고 있는데, 그 의미 역시 도度를 지나치고 있음을 나타낸다. '함陷'은 '탐익耽溺'의 뜻으로 어느 정도에서 마땅히 그치고 멈추어야 함에도 멈추지 않는 것은 그 마음이 헤어나지 못하는 무언가가 있음을 나타낸다.

사사지기소리邪辭知其所離에서 '사邪'는 '벽僻' 곧 '올바르지 않음'(不正)의 뜻으로 사악하고 이치에 맞지 않는다는 뜻이다. 사악함이란 정도正道와 이치를 벗어났음을 뜻하기 때문에, 사악한 말을 통해서 그 마음이 정도를 벗어나 어디로 흘러가는지를 알 수 있게 된다. '리離'는 '이간離間'이나 '반거叛去(배반하여 나감 : 주자의 해석)' 보다 '유리流離'의 뜻으로 해석하는 것이 더욱 적절하다.

둔사지기소궁遁辭知其所窮에서 '둔遁'은 '은둔隱遁', 곧 '숨는다'는 뜻이다. '둔사遁辭'는 자신이 옳은지 혹은 정당한지 자신이 없는 상태에서 나오는 자신감 없는 말로, 이것은 善에 대한 믿음이 충분하지 않은 것에서 비롯된다. 주자는 '도피逃避'라는 뜻으로 '둔遁'을 해석했다. '궁窮'은 '궁핍窮乏'을 뜻한다.

** 재아宰我는 공자의 제자인 재여宰予를 가리키며, 자字는 자아子我이다. 공자의 초기 제자 중 한사람이다. 자공子貢은 공자의 제자인 단목사端沐賜를 가리키며, 자공은 그의 자字이다. 위衛나라 사람으로 공자보다 31세 연하였다. 재아와 자공 이 두 사람은 언어, 곧 언변에 뛰어난 재능을 지니고 있었다. 염우冉牛는 공자의 제자인 염경冉耕을 가리키며, 자字는 백우伯牛이고, 노魯나라 사람이다. 민자閔子는 공자의 제자인 민손閔損으로 자字는 자건子騫으로, 공자에 비해 15세 연하로 노魯나라 사람이다. 안연顔淵은 공자의 제자인 안회顔回이며, 자字는 자연子淵이다. 안자顔子라고 불리기도 한다. 노나라 사람으로 공자보다 30세 연하였고, 29세로 사망하였다. 이들은 덕을 실천하고 전파하는데 뛰어났다.

*** 배우는 것을 싫어하지 않는 것이 바로 지혜로움으로, 지혜로운 사람은 삶의 매 순간에서 그 순간의 의미를 찾을 수 있는 사람이며, 의미를 찾

는 것이야말로 진정한 배움이 된다. 가르침에 지치지 않는다는 것은 인의 표현이다. 가르친다는 것은 타인을 깨달음의 길로, 혹은 바른길로 나아가도록 하는 것이므로 이것은 타인과 타인의 삶에 관한 깊은 관심을 전제로 한다. 또 그것이 지치지 않고 계속된다는 것은 그 관심이 그만큼 깊음을 나타낸다. 인간에 대한 깊은 관심을 기초로 전개되는 교육 활동을 인仁이라고 표현한 것이다.

**** 백이伯夷는 숙제叔齊와 함께 중국 은殷·주周 교체기인 기원전 1100년 무렵 생존했던 인물로 고죽군孤竹君의 아들이다. 백伯·숙叔은 장유長幼, 곧 맏이와 그 아래를 나타낸다. 『사기史記』「백이열전伯夷列傳」에 의하면, 아비인 고죽군孤竹君이 사망한 뒤 서로 왕위를 사양하고, 포학한 주왕紂王을 피해 있다가 주나라의 서백西伯(곧 주周나라의 문왕文王)의 덕을 사모하여 주나라로 갔다. 그러나 주나라의 무왕武王이 아버지 문왕이 죽은 지 4년 만에 은나라 주왕紂王을 토벌하려 하자 불효, 불인不仁한 행위라고 말하며 말렸으나 무왕이 듣지 않자 의롭지 않은 주나라 곡식(粟) 먹는 것을 거부하고, 수양산首陽山에 은거하여 고사리로 연명하다 결국 굶어서 죽었다고 한다. 백이伯夷의 이름은 윤允, 자字는 공신公信이고, 숙제叔齊의 이름은 지智, 자字는 공달公達이며 이夷와 제齊는 그들의 시호諡號라고 육덕명陸德明은 주장하고 있지만 확인되지 않는다.

공손추가 물었다. "선생님께서 제나라의 경이나 재상이 되어 말씀하신 도를 실천하게 된다면, 이것을 통해 작게는 패업을, 크게는 진정한 왕업을 성취해도 이상한 일은 아닙니다. 만약 그렇게 된다면 선생님의 마음에 동요가 없을까요?"

맹자가 대답하였다. "그렇지 않네. 나는 40세부터 마음에 동요하는 것이 없었네."

공손추가 다시 물었다. "그렇다면 선생님은 맹분보다 훨씬 뛰어나십니다."

맹자가 대답하였다. "그것은 어렵지 않네. 고자告子는 나보다 먼저 마음에 동요가 없었네."

공손추가 물었다. "마음이 동요하지 않도록 하는 데 방법이 있습니까?"

맹자가 대답하였다. "방법이 있네. 북궁유가 용기를 기르는 방법에는 다음과 같은 것이 있네. 살이 잘려도 움칠거리지 않고, 눈동자를 찔려도 피하지 않으며, 다른 사람에게 털 한 올만큼이라도 꺾이는 것을 여러 사람이 있는 장터에서 매 맞는 것과 같이 생각하였네. 낡은 옷을 걸친 비천한 사람에게 받는 모욕을 참지 못할 뿐만 아니라, 1만 대의 전차를 거느린 큰 나라의 왕으로부터 받는 모욕 또한 참지 못하네. 큰 나라의 왕을 찔러 죽이는 것을 비천하고 평범한 사람 하나를 찔러 죽이는 것과 같이 보고, 큰 나라의 왕에 대해 어떤 두려움도 갖지 않으며, 욕하는 소리를 들으면 반드시 갚아 주어야 했네. 맹시사는 용기를 기르는 방법에 대해 이렇게 말했네. '이길 수 없는 적을 마치 이길 수 있는 듯이 봅니다. 만약 먼저 적의 힘을 재어본 후에야 전진하고, 먼저 승패를 재어본 후에야 맞서 싸운다면 이런 것은 많은 수의 군대를 두려워하는 것이지요. 나라고 해서 어떻게 반드시 승리할 수 있겠습니까만, 두려워하지 않을 수 있을 따름이지요.' 맹시사의 용기를 기르는 방법은 증자와 유사하고, 북궁유의 용기를 기르는 방법은 자하와 유사하네. 이 두 사람의 용기 가운데 누구의 것이 더 나은지는 나 역시 알지 못하지만, 그러나 맹시사의 방법이 보다 근본을 얻었다고 할 수는 있을 것이네. 옛날 증자가 자양에게 이렇게 말하였네. '자네는 용기를 좋아하는가? 나는 선생님에게서 진정한 용기란 무엇인지를 들은 적이 있네. 자신을 되돌아보아 정의롭지 못하면 상대방이 아무리 비천한 사람이라도 내가 두려워하지 않을 수 없고, 자신을 돌아보아 정의로우면 아무리 많은 사람 앞이라도 당당히 나아갈 수 있다네.' 이 말에서 보자면, 맹시사가 용기를 기르는 것은 단지 두려움을 모르는 한 가닥 기력을 지키는 것에 불과할 뿐이고, 이것은 의와 불의를 통해 용기를 키우는 증자의 근본을 얻어 지켜 가는 방법과 비교할 수 없네.

공손추가 말하였다. "감히 여쭙습니다만, 선생님의 부동심과 고자의 부동심을 설명해 주실 수 있겠습니까?"

맹자가 대답하였다. "고자는 '다른 사람이 말하는 뜻을 이해하지 못해도 나의 마음에서 그 뜻을 이해하려 하지 말고, 마음에서 얻지 못하는 것이 있어도 혈기(감정)에 호소해 해결하려 하지 마라.'라고 하였는데, 마음에서 이해하지 못한 것이 있어도 혈기에 호소하여 해결하지 말라는 말은 그런대로 괜찮은 말이지만, 다른 사람이 말하는 뜻을 이해하지 못해도 나의 마음에서 그 뜻을 이해하려 하지 말라는 말은 옳지 않다네. 왜냐하면, 의지는 기의 통솔자이고, 기는 몸 안에 충만해 있는 것(에너지)이니, 의지가 이르는 곳에 기 또한 표현되어 나오기 때문이네. 그래서 '의지를 잘 보존하고 지킴으로써 몸 안의 충만한 기가 난폭하게 되거나 남용되지 않도록 하라.'라고 말하는 것이네."

공손추가 다시 물었다. "'의지가 이르는 곳에 기 또한 표현되어 나온다.'라고 하면서 또 '의지를 잘 보존하고 지킴으로써 몸 안의 충만한 기가 난폭하게 되거나 남용되지 않도록 하라.'고 말하는 것은 무슨 까닭입니까?"

맹자가 대답하였다. "의지가 순수하게 하나가 되면 기를 움직이고, 기가 한결같이 하나가 되면 의지를 움직이네. 예를 들어서 엎어지고 달리는 것이 모두 기의 작용에 따른 것이지만, 그것이 도리어 마음을 움직이게 하네."

공손추가 물었다. "감히 여쭙습니다만, 선생님은 어느 방면에서 고자보다 뛰어나십니까?"

맹자가 대답하였다. "나는 다른 사람이 말한 뜻을 잘 알고, 나의 호연지기를 잘 기르네."

공손추가 다시 물었다. "선생님께서 말씀하시는 호연지기란 무엇입니까?"

맹자가 대답하였다. "그것은 말로 분명하게 설명하기 어렵다네. 그것은 기의 일종이며 지극히 크고 가장 굳센 것으로 올바름으로 그것을 기르면 한 점 해로움도 없고, 천지사방에 충만하게 되네. 이런 기는 반드시 의와 도에 배합되고 합치되어야 하는데,

만약 그렇지 않으면 그 어떤 힘도 발휘하지 못하네. 그것은 올바른 것(義)과 일치함으로써 생겨나는 것이지 외재하는 의가 내재화됨으로써 얻어지는 것이 아니라네. 그래서 행위에 마음으로 부끄러운 것이 있으면 그 기는 어떠한 힘도 발휘하지 못하게 되는 것이네. 그래서 나는 '고자는 의를 이해한 적이 없다.'라고 말했는데, 그것은 고자가 의를 외재하는 것으로 생각하기 때문이네. 의는 우리들의 마음에 내재해 있는 것으로 반드시 그것을 배양해야 하는데 그것을 배양하기 위해서는 반드시 의와 합치하는 일을 멈추지 말고, 마음에 잊지도 말아야 하지만, 억지로 그것을 키우려 해서도 안 되네. 송나라 사람이 한 일을 따라 배우지는 말게나. 송나라 사람 중에 곡식 싹이 자라나는 것을 기다리지 못해 그 새싹을 뽑아 올린 사람이 있었는데, 일을 마치고 지쳐 집으로 들어와 집안사람들에게 말하기를 '오늘은 너무 피곤하구나. 나는 새싹이 잘 자라나도록 도와주었다.'라고 하였다네. 그 소리를 들은 그 아들이 뛰어가 보았더니 곡식들의 새싹은 모두 말라죽어 있었다네. 사실상 세상에서 싹이 자라나는 것을 잘 자라도록 도와주지 않는 사람은 드물다네. 잘 자라도록 도와주는 일이 다 쓸데없는 일이라고 생각하여 버려두고 돌보지 않는 사람은 씨를 뿌리고도 잡초를 제거해주지 않는 게으른 사람이고, 억지로 키우려는 사람은 새싹을 뽑아 올리는 사람이니 이런 행위는 무익할 뿐만 아니라 도리어 해가 되는 것이라네."

공손추가 물었다. "다른 사람의 말을 안다는 것은 무슨 뜻입니까?"

맹자가 대답하였다. "편협한 말속에서 그 마음을 가리고 있는 것이 무엇인지를 알고, 과장된 말속에서 그 마음이 무엇에 빠져 있는지를 알며, 사악한 말속에서 그 마음이 어디로 흘러가는지를 알고, 자신 없는 말속에서 그 마음이 궁핍한 것을 아네. 이 4종류의 병이 사람의 마음에서 생겨나면 반드시 정치에 해악을 끼치고, 편협되거나 과장되거나 사악하거나 자신 없는 이 4종류의 말들이 만약 정치에 등장하게 되면 반드시 나라의 각종 정책을 망치게 되네. 성인이 다시 출현한다 해도 반드시 나의 이 말이 옳다고 할 것이네."

공손추가 다시 물었다. "재아와 자공은 말하는 것에 재능이 있었고, 염우, 민자, 안연 등은 덕행에 대해 논하기를 좋아하였습니다. 공자께서는 이 둘의 장점을 모두 갖추고서도 '나는 말하는 것에 그다지 재능이 없다.'라고 하였습니다. 선생님은 다른 사람의 말을 잘 이해할 뿐만 아니라, 호연지기를 잘 기르셔서, 두 영역에 이미 달통했다고 할 수 있습니다. 그렇다면 선생님은 이미 성인입니까?"

맹자가 답하였다. "아니 그것이 무슨 말인가? 옛날 자공이 공자께 '선생님은 성인입니까?'라고 물었을 때, 공자께서는 '성인이란 칭호를 내가 어떻게 감당하겠는가! 나는 그저 배우기를 싫어하지 않고 사람 가르치는 데 지치지 않을 뿐이다.'라고 대답하였네. 그 대답을 들은 자공은 '배우기를 싫어하지 않는다는 것은 지혜롭기 때문이고, 사람을 가르치는 데 지치지 않는 것은 인을 실천하기 때문입니다. 이렇듯 지혜롭고 인을 실천하니 선생님은 이미 성인입니다.'라고 말하였네. 이렇게 성인이란 칭호는 공자도 감당하지 못한다고 하였는데, 자네는 어떻게 그런 말을 하는가?"

공손추가 물었다. "언젠가 어렴풋이 들은 이야기입니다만, 자하, 자유, 자장은 모두 성인의 일면을 가지고 있었고, 염우, 민자, 안연은 대체로 성인의 경지에 접근해 있었지만 조금 미약한 부분이 있었다고 하였습니다. 그런데 선생님을 이들과 비교한다면 어디쯤이라고 할 수 있겠습니까?"

맹자가 대답하였다. "그 이야기는 이쯤에서 그만두도록 하세나."

공손추가 물었다. "백이와 이윤은 어떻습니까?"

맹자가 대답하였다. "도를 실천하는 방법이 달랐네. 군주 같지 않은 군주는 섬기지 않았고, 백성 같지 않은 백성은 다스리지 않았으며, 평화로울 때는 관직에 오르지만, 난세에는 관직에서 물러난 사람이 백이였네. 어떤 군주도 섬겼고, 어떤 백성도 다스렸으며 치세에도 관직에 오르지만, 난세에도 관직에 오른 사람이 이윤이었네. 마땅히 관직에 올라야 한다면 관직에 오르고, 마땅히 관직에서 물러나야 한다면 물러나며, 마땅히 늦어야 한다면 늦고, 마땅히 빨리 가야 한다면 빨리 간 사람이 바로 공자였네. 이들은 모두 고대의 성인들이지만 나는 애석하게도 그들처럼 될 수 없었네. 다만 내가 바라는 것은 공자를 본받는 것이라네."

공손추가 물었다. 백이와 이윤이 그렇게도 대단하여 공자와 비교할 정도입니까?

맹자가 대답하였다. "그렇지 않네. 세상에 사람이 생겨난 이래로 공자 같은 분은 아직 없었네."

공손추가 다시 물었다. "그렇다면 이 세 성인에게 어떤 공통점이라도 있습니까?"

맹자가 대답하였다. "당연히 있지. 만약 사방 백 리의 땅을 얻어 그곳의 군주가 되었다면, 그들은 모두 제후들이 찾아와 알현해 만나도록 하고, 천하를 다스릴 수 있었을 것이네. 그리고 한 가지 의롭지 못한 일을 행하거나 무고한 사람 하나를 죽여야 천하를 얻을 수 있다면, 그들 중 누구도 그렇게 하지 않았을 것이네. 이것이 바로 그들의 공통점이라네."

공손추가 말하였다. "감히 여쭙습니다만, 그분들의 서로 다른 점은 또 무엇입니까?"

맹자가 대답하였다. "재아와 자공, 그리고 유약 이 세 사람의 지혜는 성인을 알아볼 만하였네. 설사 그들의 지혜가 그 정도가 아니라 하더라도 자기들이 좋아하는 사람이라고 해서 마냥 추켜세우며 과장하지는 않았을 것이네. 그런 재아가 이렇게 말하였다네. '내가 선생님(공자)을 살펴보니 요나 순보다 더 훌륭하신 분이다.' 그리고 자공은 '한 나라의 예의 제도를 보면 그 나라의 정치 수준을 이해할 수 있고, 한 나라의 음악을 들어보면 그 나라의 정치를 알 수 있다. 오늘로부터 백 세대 후에 그 백 세대 왕들을 평가해 보아도, 그 어떤 군주도 공자의 도를 벗어나지 못할 것이다. 이 세상에 사람이 생겨난 이래 우리 선생님과 같은 사람은 아직 없었다.'라고 말하였네. 또 유약은 '어떻게 사람만이 그렇겠는가? 사람 이외에 다른 사물들에도 같은 류에 속하지만 뛰어나게 훌륭한 것이 있다. 들짐승 중에서 기린이, 날짐승 중에서 봉황이, 언덕 중에서 태산이, 고인 물 가운데 큰 바다가 뛰어나게 훌륭한 것이지만, 모두 같은 류類에 속하는 것이다. 사람 중에서 가장 뛰어나게 훌륭한 공자도 역시 같은 사람에 속하지만, 그러나 공자는 같은 류類로부터 걸출하게 뛰어난, 사람 중에서도 뽑아낸 듯이 뛰어난 사람이다. 이 세상에 사람이 생겨난 이래로 공자보다 더 위대한 사람은 없었다.'라고 하였네.

역자 해설

이 장은 전체 『맹자』 가운데서도 늘 주목되는 부분이다. '호연지기장'이라 부르거나, '부동심장'이라 부르기도 한다. 용기勇氣와 부동심不動心, 지언知言과 양기養氣, 호연지기浩然之氣 등 맹자철학, 그 가운데서도 공부론工夫論이나 수양론修養論과 깊이 관련된 맹자의 시각이 드러나고 있기 때문이다. 이야기는 먼저 몇 가지 다른 형태의 용기를 설명하는 것에서 시작된다. 북궁유와 맹시사, 증자의 용기가 그것이다. 북궁유는 승리하는 것을 용기라 생각했고, 맹시사는 두려움이 없는 것을 용기라고 생각했다. 그래서 북궁유는 모든 일에서 승리하려고 했고, 맹시사는 승리 여부와 상관없이 두려워하지 않으려 했다. 북궁유의 용기는 승리에서 나오기 때문에, 만약에 승리하지 못하면 그 용기도 쉽게 꺾이고 만다. 반면 맹시사의 용기는 두려워하지 않는 것에서 나오기 때문에, 비록 승리하지 못해도 그 용기가 꺾이지 않으므로 북궁유에 비해 더욱 근원적이라 할 수 있다. 그러나 이런 맹시사의 용기도 단지 두려워하지 않는 것일 뿐, 그 용기가 의와 불의를 문제 삼지는 않는다. 증자의 용기는 의와 불의에서 나온다. 의를 실천하는 당당함이 바로 용기라고 생각했다.

이어지는 부동심에 관한 이야기는 더욱 흥미진진하다. 맹자에게 있어서 '부동심不動心'이란 고자의 부동심처럼 마음의 활동을 멈추는 것이나, 활동이 정지된 상태를 가리키는 것이 아니다. 그것은 선하지 않은 것에 의해 마음의 동요가 없는 것, 의를 실천하는 것이 흔들리지 않는 것을 가리킨다. 이런 부동심을 성취하기 위해 맹자는 두 가지 조건을 갖춰야 한다고 말한다. 그 두 가지 조건이 바로 지언과 양기이다. 우리들의 삶이 이어지는 객관세계와 그 세계 속에 살고 있는 타인의 생각과 주장에 대한 정확한 이해가 '지언知言'이라면, '양기養氣'는 자연적 생명력이 이성화되어 얻어지는 도덕적 용기를 가리킨다. 이와 같은 도덕적 용기를 맹자는 특별히 '호연지기浩然之氣'라고 불렀다.

하지만 우리가 주의해야 할 것은, 맹자에게 있어서 '양기'의 공부 역시 궁극적으로는 '양심養心'과 '양성養性'의 공부이고, 그 결과일 뿐이다. 다시 말해서 '양기'의 공부 역시 본심과 본성을 회복하는 공부이지 결코 '기氣'를 대상으로 하여 그것을 통제하고 조절하는 공부가 아니라는 뜻이다. 또 이 장에서 맹자가 말하는 '지志'란 곧 '심지心志'로, 현대적 용어로 표현한다면 마음의 '지향성'(intentionality)이라 할 수 있고, '기氣'란 육체 가운데 충만한 생명력을 가리킨다. 그런데 여기 맹자의 말에서 우리가 주목해야 할 것은 바로 '기가 난폭하게 되거나 남용되는' 이유를 다른 곳에서 찾는 것이 아니라, 의지를 잘 보존하고 지키지 못한 것에서 찾고 있다는 점이다. 인간의 의지가 순수해지는 것, 즉 '지일志壹'은 기가 난폭하게 되거나 남용되지 않는 충분조건을 형성하는 반면, 기가 한결같이 하나가 되는 '기일氣壹'은 기가 난폭하게 되거나 남용되는 필요조건을 형성한다는 것이 맹자의 기본적인 생각이다. 따라서 맹자에게 있어서 공부의 중점은 늘 '지일'에 있게 되며, 그것은 다름 아닌 존심양성存心養性의 공부를 통해 수행된다. 그래서 '양기養氣'의 공부 역시 직접 기에 가해지는 공부가 아니라, 본심 본성의 배양을 통해 간접적으로 수행되는 공부라고 할 수 있다.

이와 같은 '양기養氣'가 부동심을 성취하기 위한 주관적 조건이라면 여기서 이야기되는 '지언知言'은 부동심을 성취하기 위한 객관적 조건이다. 맹자가 말하는 부동심이란 불의에 굴하지 않는 것을 가리키며, 불의에 굴하지 않는 것 자체가 이미 도덕실천이다. 그리고 이러한 도덕실천은 주관적으로는 도덕적 용기가 필요하고 객관적으로는 실천의 무대인 객관세계에 대한 정확한 인식이 필요하다. 유가에서 강조하고 있는 '시중時中'과 '중용中庸', 혹은 '경권經權'의 사상은 모두 이러한 객관세계와 그 세계의 변화에 대한 인식을 전제하고 있다. 그리고 이러한 세계에 대한 인식의 출발점을 맹자는 '타인의 언어에 대한 이해' 혹은 '언어를 통한 타인의 이해'에 두고 있다. 선하지 않은 것에 의해 마음의 동요가 없게 되고, 선을 실천하려면 실천조건으로서의 객관세계에 대한 인식과 실천 주체의 용기가 무엇보다 필요한데, 맹자는 바로 '지언'과 '양기'를 통해 그것을 설명하고 있다.

세 번째

3

孟子曰, "以力假仁者霸, 霸必有大國. 以德行仁者王, 王不待大. 湯以七十里, 文王以百里. 以力服人者, 非心服也, 力不贍也. 以德服人者, 中心悅而誠服也, 如七十子之服孔子也. 詩云, '自西自東, 自南自北, 無思不服.' 此之謂也."

맹자가 말하였다. "실제로는 무력에 의지하면서 인仁을 실천하는 것처럼 가장하는 것을 패도霸道라고 하는데, 이 패도를 성취하기 위해서는 반드시 강한 힘을 지닌 큰 나라여야 합니다. 반면 덕德에 의지해 인仁을 실천하는 사람이 바로 진정한 왕王이며, 왕의 정치는 반드시 나라가 커야 할 필요가 없습니다. 탕은 사방 70리의 땅이 있었고, 문왕은 겨우 사방 100리의 땅이 있었을 뿐입니다. 힘에 의지해서 사람을 복종시킨다면 마음으로부터 우러나와 기쁘게 복종할 수 없는데, 그렇게 복종하는 모습을 보이는 것은 다만 자신의 힘이 부족하기 때문입니다. 덕에 의지해서 사람을 복종시킨다면 사람들은 마음으로부터 우러나와 기쁘게 복종하는데, 이것은 70여 명의 제자가 공자를 따른 것과 같습니다. 『시경詩經』에 '동쪽에서 서쪽으로, 남쪽에서 북쪽으로 사방의 백성들 가운데 마음으로부터 복종하지 않은 사람이 없었네.'라고 한 것 역시 이것을 두고 한 말입니다.

역자 해설

『맹자』의 첫머리인 위나라 혜왕과 맹자의 만남에서 제시된 것이 '의리義利'의 분별이었다면, 여기에서는 '왕패王霸'를 구분하고 있다. 힘에 의지하면서 인을 가장하는 것이 '패도'라면, 덕에 의지해 인을 실천하는 것이 바로 '왕도'이다. 왕도란 진정한 왕의 길이나 방법, 진정한 왕이 시행하는 정치를 뜻한다.

네 번째

4

孟子曰, "仁則榮, 不仁則辱. 今惡辱而居不仁, 是猶惡濕而居下也. 如惡之, 莫如貴德而尊士, 賢者在位, 能者在職, 國家閒暇, 及是時, 明其政刑, 雖大國, 必畏之矣. 詩云, '迨天之未陰雨, 徹彼桑土, 綢繆牖戶. 今此下民, 或敢侮予?' 孔子曰, '爲此詩者, 其知道乎! 能治其國家, 誰敢侮之?' 今國家閒暇, 及是時, 般樂怠敖, 是自求禍也. 禍福無不自己求之者. 詩云, '永言配命, 自求多福.' 太甲曰, '天作孽, 猶可違. 自作孽, 不可活.'* 此之謂也."

* 천작얼天作孽에서 '얼孽'은 재앙을 가리키고, 유가위猶可違에서 '위違'는 '피避'의 뜻으로 쓰여 '피할 수 있다.'고 해석된다. 불가활不可活에서 '活'은 곧 '환逭'으로, '도망하다(逃)'로 해석된다.

맹자가 말하였다. "만약 인仁을 실천한다면 번영을 누리겠지만, 그렇지 않고 인을 실천하지 않는다면 치욕을 당하게 될 것입니다. 요즘 어떤 사람들이 치욕 당하는 것을 그렇게 싫어하면서도 여전히 인仁을 실천하지 않는 것은, 마치 습기가 많은 것을 싫어하면서 습기가 많은 낮은 곳에서 사는 것과 다를 것이 없습니다. 만약 진정으로 치욕 당하는 것을 싫어한다면 덕을 귀하게 여기고 사士를 존중해야 합니다. 현자가 관직에 오르고 유능한 사람이 직무를 맡게 되면 나라는 안팎으로 걱정이 사라져 태평하게 될 것이고, 이때 정책과 법령을 확실히 정비한다면 아무리 강한 나라도 반드시 이 나라를 두려워할 것입니다. 『시경』에 '하늘에 구름이 몰려와 비가 내리기 전에, 뽕나무 뿌리를 캐다가 그 껍질을 벗겨, 대문과 창문을 모두 단단히 고쳤으니, 저 아래의 사람들이 어떻게 나를 모욕할 수 있겠는가!'라는 시가 있는데, 공자는

이 시에 대해 '이 시를 지은 사람은 도를 알고 있구나! 자기 나라를 잘 다스린다면 누가 감히 그를 모욕하겠는가?'라고 평했습니다. 만약 나라가 태평해졌을 때, 향락을 즐기고 태만해진다면 이것은 스스로 재앙을 부르는 것입니다. 재앙이나 복은 모두 자기 스스로 불러오는 것입니다. 『시경』에 전하고 있는 '영원히 천天의 명을 간직하려면 스스로 더 많은 복을 찾아가야 한다.'라는 말이나, 『서경』「태갑」의 '천天이 내리는 재앙은 피할 수 있으나, 스스로 만든 재앙으로부터는 도망칠 수가 없다.'라는 말은 모두 이것을 가리켜 한 말입니다."

다섯 번째

5

孟子曰, "尊賢使能, 俊傑在位, 則天下之士皆悅, 而願立於其朝矣. 市, 廛而不征, 法而不廛, 則天下之商皆悅, 而願藏於其市矣. 關, 譏而不征, 則天下之旅皆悅, 而願出於其路矣. 耕者, 助而不稅*, 則天下之農皆悅, 而願耕於其野矣. 廛, 無夫里之布, 則天下之民皆悅, 而願爲之氓矣. 信能行此五者, 則隣國之民仰之若父母矣. 率其子弟, 攻其父母, 自有生民以來未有能濟者也. 如此, 則無敵於天下. 無敵於天下者, 天吏也. 然而不王者, 未之有也."

* '조助'는 정전제에서 시행되었던 세법稅法으로, 1정 900묘를 100묘씩 나누

고 그 중에서 800묘는 8가구가 각각 100묘씩 사전으로 농사를 짓고, 나머지 100묘는 공전으로 8가구가 공동으로 경작하여 그 수확을 조세로 내는 것을 가리킨다. 각각의 가구에서 경작하는 100묘의 사전에서 생산되는 수확에 대해서는 다시 세금을 거두지 않았다.

맹자가 말하였다. "현자를 존중하고 능력 있는 사람을 등용하며, 재능 있는 사람이 직책을 맡는다면 세상의 사士들이 모두 기뻐하며, 그 조정에서 일하고 싶어 할 것입니다. 시장에서는 점포의 세금을 받지만, 상품에는 세금을 거두지 않으며, 법의 규정에 따라 창고에 세금을 받지 않는다면 세상의 상인들이 모두 기뻐하며 상품들을 그 시장에 저장하려고 할 것입니다. 국경의 관문에서 조사는 하지만, 세금을 받지 않는다면 세상의 여행자들이 모두 그 길로 오가려고 할 것입니다. 농사를 짓는 사람에 대해서는 정전제를 실시하여 공전을 경작하도록 하여 그 수확만을 조助로 받을 뿐, 다른 수확에 대해서는 세금을 받지 않는다면 세상의 농부들이 모두 기뻐하며 그 들판에서 농사짓고자 할 것입니다. 거주하는 곳에서 장정과 마을에 대한 세금으로 베를 징수하지 않는다면 세상의 백성들은 모두 기뻐하며 그의 백성이 되려고 할 것입니다. 진정으로 이 다섯 가지를 실행할 수 있다면 이웃 나라의 백성들도 모두 그 군주를 부모처럼 우러러보게 될 것입니다. (그런데 만약 그 이웃 나라의 군주가 그 백성들을 거느리고 공격

해 온다면 이것은 곧 자식들을 거느리고 그 부모를 공격하는 것과 다를 것이 없습니다.) 자식들을 거느리고 그 부모를 공격하는 일은 세상에 사람이 생긴 이래로 성공한 적이 없었습니다. 만약 이와 같다면 세상에 적이 없게 되며, 세상에 적이 없는 사람은 천리天吏, 곧 천天이 낸 일꾼입니다. 이렇게 되고도 왕이 되지 못한 사람은 아직 없었습니다."

역자 해설

'사士'는 보통 다음과 같은 3가지 의미가 있다. 하나는 어느 특정한 영역의 전문적인 지식을 갖추고 있는 사람을 가리키고, 다른 하나는 도덕 수양이 어느 수준에 도달한 사람을 가리키며, 마지막으로 사회적인 지위를 가리키기도 한다. 인물이나 문헌에 따라 이 가운데 하나의 특정 의미로만 쓰이기도 하고, 둘 또는 셋 모두의 의미를 겸하기도 한다. '사'는 춘추시대가 시작하면서 등장한 새로운 계층으로, 춘추전국시대의 혼란과 격변의 시대를 이끌어간 계층이자 넓은 의미에서는 하나의 세력이었다.

여섯 번째

6

孟子曰, "人皆有不忍人之心. 先王有不忍人之心, 斯有不忍人之政矣. 以不忍人之心, 行不忍人之政, 治天下可運之掌上. 所以謂人皆有不忍人之心者, 今人乍見孺子將入於井, 皆有怵惕惻隱之心. 非所以內交於孺子之父母也, 非所以要譽於鄕黨朋友也, 非惡其聲而然也. 由是觀之, 無惻隱之心, 非人也, 無羞惡之心, 非人也, 無辭讓之心, 非人也, 無是非之心, 非人也.* 惻隱之心, 仁之端也, 羞惡之心, 義之端也, 辭讓之心, 禮之端也, 是非之心, 智之端也. 人之有是四端也, 猶其有四體也. 有是四端而自謂不能者, 自賊者也, 謂其君不能者, 賊其君者也. 凡有四端於我者, 知皆擴而充之矣, 若火之始然, 泉之始達. 苟能充之, 足以保四海, 苟不充之, 不足以事父母."

* '측은惻隱'은 '통痛'의 뜻으로, 이것은 타인의 불행이나 고통을 함께 아파하고 느끼는 것을 가리킨다. 수오지심羞惡之心은 자신의 과오, 또는 잘못(스스로가 행한 악)을 부끄러워함과 동시에, 타인의 악한 행위를 미워하고 싫어하는 마음이다. 사양지심辭讓之心은 좋은 것, 이로운 것을 타인에게 양보하는 마음이고, 시비지심是非之心은 옳고 그름을 판단하는 마음이다.

맹자가 말하였다. "모든 사람에게는 (타인의 불행과 불의를 보고) 참지 못하는 사람의 마음이 있습니다. 선대의 왕들에게는 그런 참지 못하는 마음이 있었기에 악을 용납하지 않는 정치가 있었습니다. 참지 못하는 마음으로 악을 용납하지 않는 정치를 시행한다면, 세상을 다스리는 일은 마치 작은 물건을 손바닥 안에

서 주무르듯 쉬운 일입니다. 내가 모든 사람에게 참지 못하는 마음이 있다고 말하는 것은, 예를 들어 어린아이가 우물에 빠지려는 것을 지금 어떤 사람이 갑자기 발견한다면, 그 사람이 어떤 사람이라도 모두 놀라고 불쌍히 여기는 마음이 생기게 된다는 것에 근거하고 있습니다. 그 사람에게 그런 마음이 생기게 되는 것은 어린아이의 부모와 깊은 교재를 나누기 위해서가 아니며, 그 지방의 이웃과 친구들로부터 칭찬을 듣고자 그렇게 한 것도 아니고, 그 어린아이의 울부짖는 소리가 싫어서 그런 마음이 생긴 것도 아닙니다. 이렇게 봤을 때, 사람에게 측은히 여기는 마음이 없으면 사람이라고 할 수 없으며, 잘못을 부끄러워하는 마음이 없으면 사람이라고 할 수 없고, 사양하는 마음이 없으면 사람이라고 할 수 없으며, 옳고 그름을 가리는 마음이 없다면 사람이라고 할 수 없습니다. 측은히 여기는 마음은 인의 씨앗이고, 잘못을 부끄러워하는 마음은 의의 씨앗이며, 사양하는 마음은 예의 씨앗이고, 옳고 그름을 가리는 마음은 지의 씨앗입니다. 사람에게 이 네 가지 씨앗이 있는 것은 마치 사람에게 팔과 다리의 사지가 있는 것에 비유될 수 있습니다. 이런 네 가지 씨앗을 지니고 있으면서도 스스로 그것들을 실천할 수 없다고 말하는 것은 자기를 해치는 사람이고, 자신의 군주가 그것들을 실천할 수 없다고 말하는 것은 그 군주를 해치는 사람입니다. 이 네 가지 씨앗이 자기에게 내재해 있으면 또한 그것을 어떻게 확충할지도 압니다. 그것은 마치 금방 타오르기 시작한 불꽃이나 금방 샘솟기 시작한 샘물과 같아, 확충하기만 하면 천하를 안정시켜 편안하게 할 수 있지만, 확충하지 못한다면 그 자신의 부모조차 섬기지 못합니다."

역자 해설

맹자가 말하는 '불인인지심不忍人之心'에 대한 일반적인 해석은 '차마 하지 못하는 사람의 마음'이다. 이것은 다른 사람을 괴롭히거나 불행에 빠뜨리는 행위를 하지 않는 마음, 다른 사람에게 잔인하지 못하는 마음을 가리킨다. 이와 같은 해석도 크게 잘못된 것이 없는 것처럼 보이지만, 충분히 적절한지는 의문이다. 왜냐하면, 인간의 본성이 선하다고 주장하는 맹자의 관점에서 악이란 실재하는 것이 아니라, 선이 실현되지 않거나 부재한 상태에 불과할 뿐이기 때문이다. 원론적인 측면에서 보자면, 악이란 선한 본성이 실현되면 자연스럽게 사라지는 것이다. 이런 의미에서 악은 마치 실재하지 않는 그림자와 같아서, 선을 실천하면 사라지는 것, 그래서 선을 실천하는 것 외에, 사실상 따로 악을 제거하기 위한 노력이 필요 없다. 이와 같은 맹자의 철학에 기초해 보자면, '불인인지심'을 악을 행하지 않거나, 다른 사람을 불행하게 만드는 행위를 하지 않는 소극적인 의미로 이해하기보다는, 적극적으로 선을 실현하는 의미, 곧 선의 실천을 '참지 못하는(不忍) 사람의 마음'으로 이해하는 것이 적절하다. 이때 그 '불인', 곧 '참지 못하는 것'은 곧 '불의'나 '선의 실천'을 참지 못하는 것으로, 이 참지 못하는 것 자체가 이미 '도덕 실천'이다. 맹자는 '선의 실천을 참지 못하는 마음', '불의를 참지 못하는 마음'으로부터 '인성이 선하다.'라는 점을 논증하고 있다.

특히 주의해야 할 것은 우물에 빠지려는 아이를 보면 누구나 그 아이를 구하기 위해 달려간다는 맹자의 주장을 하나의 사실적 판단 혹은 경험적 명제로 이해해서는 안 된다는 점이다. 만약 이 맹자의 논증이 출발점으로 삼고 있는 전제를 사실판단 혹은 경험적 명제로 이해할 경우, 맹자의 본래 의도가 사라져 버릴 뿐만 아니라, 그와 정반대의 주장 역시 같은 설득력을 가지고 성립할 수 있기 때문이다. 많은 사람이 이와 같은 오류를 범하며, 이 오류를 기반으로 맹자를 비판한다.

무한에 가까운 외연을 가진 '전칭명제'의 진리치는 경험적 귀납의 방법으로 증명될 수 없다는 것은 자명한 사실이다. 따라서 '인간 모두에게 우물에 빠지려는 어린아이를 보는 순간 측은한 마음이 생겨날 것인가?' 혹은 '모든 사람의 마음에 그 어린아이를 반드시 구해주어야 한다는 자발적인 도덕적 자각이 일어나고 그것이 행동으로 나타나게 되는가?'와 같은 문제는 근본적으로 경험적인 귀납의 방법을 통해 증명될 수 없다.

그러므로 맹자의 논증은 다음과 같이 재구성해서 이해할 때 비로소 그의 주장이 담고 있는 의미가 분명하게 드러난다.

① 인간에게는 어린아이가 우물로 기어가 빠지려는 것을 보고 놀라 달려가는 것과 같은 특정한 경우에서 일어나는 즉각적인 반응이나 행위가 있다.

② 이와 같은 행위는 인간의 자연적 성향, 혹은 생물학적 요소를 통해 설명되지 않는다.

③ 그와 같은 즉각적인 반응이나 행위는 인간의 자연적 혹은 생물학적 성향을 초월한 어떤 것에서 나온다.

이렇게 맹자의 주장을 재구성했을 때 맹자의 의도는 분명하게 드러난다. 즉 인간의 도덕적 행위들은 자연적 성향에 근원을 두지 않고 자연적 성향이 아닌 것에 뿌리를 두고 있다는 것이다. 그리고 맹자가 말하는 '불인不忍'은 곧 이러한 자연적 성향이 아닌 것, 그것의 직접적 표현이고, 그것은 또한 현실의 사태를 긍정함으로써 나타나는 힘이 아니라 현실의 불합리성을 꿰뚫어 볼 때 나타나는 이상을 향한 힘이다. 불인이 이상을 향한 힘이 되는 것은 '불인'이란 결국 현실의 불합리나 불의를 '참지 못하는 것'이고, '참지 않는 것'이기 때문이다.

또한 인의예지의 사단과 관련해, 맹자는 선한 행위를 가능하게 하는 근거인 선한 본성이란 이미 실현된 현실태의 모습으로 현시된 것이 아니라, 가능태인 씨앗으로 존재한다고 말한다. 이것이 바로 인간이 본래 선한 본성을 갖추고 있으면서도, 그 선한 본성이 현실화하지 않는 문제에 대한 맹자의 기본적인 대답이다. 여기서 맹자는 선한 본성과 도덕적 행위 사이의 관계는 마치 금방 타오르기 시작한 불꽃이나, 샘솟아 오르는 샘물과 같은 것이어서 불꽃이 있으면 당연히 밝음이 있고, 샘물이 있으면 그 물의 흐름이 있듯이 인간의 선한 본성으로부터 도덕적 행위가 자연스럽게 나타나게 된다고 생각하였다. 이렇듯 인간의 선한 본성과 그것의 표현이 갖는 관계는 맹자에게 있어서 마치 '불꽃'과 '밝음', '샘물'과 '물의 흐름'의 관계와 같아서 동질의 연속체일 뿐만 아니라, 논리적으로는 분석적인 관계에 놓여있다. 즉 불꽃에는 이미 밝음이 함축되어 있고, 샘물에는 그 샘솟는 물의 흐름이 함축되고 있는 것과 같다고 생각한 것이다. 밝음이 없는 불꽃이나 물의 흐름이 없는 샘물이란 존재할 수 없다.

불꽃이 이미 밝음을 함축하고 있듯이, 선한 본성은 그 구체적인 표현 내용인 인의예지仁義禮智 등의 도덕 행위를 함축하고 있다. 바로 이 점에서 맹자는 도덕 행위의 가능성은 모든 사람에게 본래 그리고 선천적으로 갖추어져 있다고 말하는 것이다. 맹자에게 있어서 인간은 존재론적으로 모두가 선한 본성을 실현할 가능성을 갖추고 있지만, 작은 불씨를 크게 키우지 못하고, 작은 샘물을 넓게 확충하지 못하고 있을 뿐이다.

맹자에게 있어서 인간은 이렇듯 선한 본성이 내재해 있는 것으로 상정되지만, 그렇다고 현실적인 악이나 악한 행위가 불가능하다고 주장하는 것도 아니다. 오히려 맹자는 현실적으로 등장하는 악한 행위에 대한 인식을 통해서 인간이 본래 선한 본성을 가지고 있다는 결론에 도달한 사람이다. 다시 말해서 선한 본성은 가능태의 모습으로 내재해 있으며, 그런 까닭에 그에게 있어서 존재론적으로 인간에게 주어진 선한 본성은 실천적 자기계발을 통해 비로소 실현될 수 있다. 이렇듯 인간을 인간으로 규정할 수 있는 인간다움을 완성하는데 실천적 자기계발이 필수적이라면, 그 인간다움을 규정하는 인간의 선한 본성이 우리에게 이미 주어져 내재해 있는 것이 아니라, 다만 또 다른 모습으로 존재하고 있는 그것을 나타내 보여줄 가능성만이 주어져 있을 뿐이라고 주장할 수도 있다. 하지만 그 계발이 외재하는 어떤 것을 통한 것이 아니라, 바로 자기 안에서의 자기계발이라는 점에서 인간다움의 본성은 이미 인간에게 주어져 있다고 보는 것이다. 그리고 어떤 이유에서건 자신의 선한 본성을 실현하는 데 있어서 실천적 자기계발이 필요하다는 점에서 보자면, 인간에게는 선한 행위의 가능성과 악한 행위의 가능성이 동시에 열려 있다고 말할 수 있다.

일곱 번째

7

孟子曰, "矢人豈不仁於函人哉? 矢人惟恐不傷人, 函人惟恐傷人. 巫匠亦然.* 故術不可不愼也. 孔子曰, '里仁爲美. 擇不處仁, 焉得智?' 夫仁, 天之尊爵也, 人之安宅也. 莫之禦而不仁, 是不智也. 不仁不智, 無禮無義, 人役也. 人役而恥爲役, 由弓人而恥爲弓, 矢人而恥爲矢也. 如恥之, 莫如爲仁. 仁者如射. 射者正己而後發, 發而不中, 不怨勝己者, 反求諸己而已矣."

* 여기에서 '무巫'는 '무의巫醫'(병을 치료하는 무당)를 가리키고 '장匠'은 목수(더욱 구체적으로는 관을 만드는 목수)를 가리킨다. 무의는 사람이 죽을까 걱정하고, 관을 만드는 목수는 사람이 죽지 않을까 걱정하게 된다는 뜻이다.

맹자가 말하였다. "화살 만드는 사람이 갑옷 만드는 사람보다 어떻게 인을 실천하지 않는다고 하겠습니까? 그러나 화살 만드는 사람은 사람을 상하게 할 수 없을까 걱정하고, 갑옷 만드는 사람은 사람을 상하게 할까 걱정합니다. 병을 치료하는 무당과 관을 만드는 목수 역시 같은 처지입니다. 그러므로 기술을 쓰는 직업을 선택할 때 신중하지 않을 수 없습니다. 공자는 '인에 근거하는 것이 가장 좋다. 스스로가 선택하면서도 인에 근거하지 않는다면 어떻게 지혜롭다 하겠는가?'라고 말하였습니다. 무릇 인이란 천天이 준 가장 고귀한 벼슬이고, 사람에게 있어서 가장 편안한 집입니다. 아무도 막는 사람이 없는데도 불구하고 인에 근거하지 않는 것은 어리석은 짓입니다. 인을 실천하지 않고, 지혜롭지도 않으며, 예절도 모르고 의도 실천하지 않는다면, 이런 사람은 다른 사람에게 부림을 당할 수밖에 없습니다. 남에게 부림을 받으면서 그 부림 받는 것을 부끄러워하는 것은 마치 활 만드는 사람이 활 만드는 것을 부끄러워하고, 화살 만드는 사람이 화살 만드는 것을 부끄러워하는 것과 같습니다. 만약에 정말로 그것이 부끄럽다면, 인을 실천하는 것보다 좋은 것은 없습니다. 인을 실천하는 것은 마치 활쏘기 시합을 하는 것과 같아서, 활 쏘는 사람은 먼저 자신의 자세를 단정하게 바로잡은 다음 활을 쏘고, 설사 쏜 화살이 과녁에 맞지 않아도 자기를 이긴 사람을 원망하지 않으며, 자신을 되돌아보고 반성할 따름입니다."

역자 해설

맹자에게 있어서 '인仁'이란 인간에게 내재해 있는 도덕실천의 근거이고, 또한 도덕을 실현할 수 있는 능력(良能)이다. 그것이 후천적으로 습득되는 것이 아니라, 선천적으로 혹은 선험적으로 주어져 있는 것이기 때문에 천天이 부여한 벼슬이라고 표현하고 있다. 그리고 이 '인'은 사람의 본성이고, 그것이 본성이기 때문에 지극히 자연스럽고도 편안하게 따를 수 있다. 본성이 아닌 그 어떤 것을 추구하거나 따른다면, 그것은 본성에 위배되기 때문에 편안하지도 자연스럽지도 않게 된다. 바로 이런 의미에서 맹자는 '인'이 사람의 가장 편안한 집이라고 말한다.

여덟 번째

8

孟子曰, "子路, 人告之以有過, 則喜. 禹聞善言, 則拜. 大舜有大焉, 善與人同, 舍己從人, 樂取於人以爲善. 自耕稼陶漁以至爲帝, 無非取於人者. 取諸人以爲善, 是與人爲善者也. 故君子莫大乎與人爲善."

맹자가 말하였다. "자로는 다른 사람이 그에게 잘못이 있다고 지적해 줄 때 기뻐했고, 우禹는 선한 말을 들으면 말한 이에게 예를 표했습니다. 위대한 순은 그보다 더 대단해서, 다른 사람과 함께 하는 것을 좋아하며, 자신의 옳지 않은 것은 버리고, 다른 사람의 옳은 것을 따랐을 뿐만 아니라, 다른 사람의 장점을 취해 선을 실천하길 즐거워하였습니다. 그는 농사지으며 질그릇을 굽고, 물고기를 잡을 때부터 왕이 되기까지 다른 사람의 장점에서 취해 배우지 않은 것이 없었습니다. 다른 사람의 장점을 받아들여 스스로 선을 실천하는 것이 바로 다른 사람과 함께 선을 실천하는 것입니다. 그러므로 군자에게 있어서 최고의 덕행은 다른 사람과 함께 선을 실천하는 것입니다."

역자 해설

자로子路는 공자의 제자로 성姓은 중仲이고 이름은 유由인데, 문헌에 따라 계로季路 혹은 계자季子라고 기록되어 있다. 공자보다 9세 연하로 노魯나라 사람이다. '우禹'는 순舜임금을 이어 왕이 된 인물로, 하夏왕조의 시조이다.

아홉 번째

9

孟子曰, "伯夷, 非其君, 不事, 非其友, 不友. 不立於惡人之朝, 不與惡人言, 立於惡人之朝, 與惡人言, 如以朝衣朝冠坐於塗炭. 推惡惡之心, 思與鄉人立, 其冠不正, 望望然去之, 若將浼焉. 是故諸侯雖有善其辭命而至者, 不受也. 不受也者, 是亦不屑就已. 柳下惠不羞汙君, 不卑小官, 進不隱賢, 必以其道, 遺佚而不怨, 阨窮而不憫. 故曰, '爾爲爾, 我爲我, 雖袒裼裸裎於我側, 爾焉能浼我哉?' 故由由然與之偕而不自失焉, 援而止之而止. 援而止之而止者, 是亦不屑去已." 孟子曰, "伯夷隘, 柳下惠不恭. 隘與不恭, 君子不由也."

맹자가 말하였다. "백이는 섬길 만한 군주가 아니면 섬기지 않았고, 친구로 사귈 만하지 않으면 사귀지 않았습니다. 악한 사람의 조정에서 벼슬을 하지 않았을 뿐만 아니라, 악한 사람과는 대화조차 나누려 하지 않았습니다. 악한 사람의 조정에서 벼슬하고 악한 사람과 대화하는 것을 마치 관복을 입고 관모를 쓴 차림으로 진흙탕과 숯검정 위에 앉아 있는 듯이 여겼습니다. 이렇게 악을 미워하는 마음을 따르다 보니, 마을 사람과 함께 있으려 생각하다가도, 그 사람이 쓴 모자가 바르지 않으면 불쾌해하며 가버리는데, 마치 그것 때문에 자신이 더럽혀지기라도 하는 것 같았습니다. 그래서 당시 여러 나라의 제후들이 좋은 말로 그를 초빙하려 해도 받아들이지 않았던 것이고, 그런 초빙을 받아들이지 않았던 것 또한 벼슬길로 나가는 것을 떳떳하게 생각하지 않았기 때문입니다. 류하혜는 포학한 군주를 섬긴다는 사실을 부끄럽게 여기지 않았으며, 낮은 벼슬자리를 하찮게 여기지도 않았습니다. 벼슬길에 나아가면 자기의 재능을 숨기지 않고 발휘하

면서도 반드시 원칙에 따라 일을 처리하였고, 벼슬에서 쫓겨나도 원망하지 않았을 뿐만 아니라, 곤궁한 일을 만나도 걱정하지 않았습니다. 그래서 그는 '너는 너고, 나는 나인데, 네가 비록 내 옆에서 웃통을 벗고 있다 해도, 네가 어떻게 나를 더럽힐 수 있겠는가?'라고 말했던 것입니다. 그래서 어떤 사람과도 기쁜 듯이 함께 있으면서도 그 자신은 결코 올바름을 잃지 않았던 것인데, 이것이 바로 끌어당겨서 머물러 있게 하면 곧 머물러 있는 것입니다. 끌어당겨서 머물러 있게 하면 곧 머물러 있는 것이란 물러나는 것을 떳떳하게 여기지 않는 것입니다." 맹자가 다시 말하였다. "백이는 지나치게 편협했고, 류하혜는 너무 거리낌이 없었습니다. 지나치게 편협하거나 너무 거리낌이 없는 것을 군자는 행하지 않습니다."

04. 공손추장구公孫丑章句 하下

첫 번째

1

孟子曰, "天時不如地利, 地利不如人和. 三里之城, 七里之郭, 環而攻之而不勝. 夫環而攻之, 必有得天時者矣, 然而不勝者, 是天時不如地利也. 城非不高也, 池非不深也, 兵革非不堅利也, 米粟非不多也, 委而去之, 是地利不如人和也. 故曰, 域民不以封疆之界, 固國不以山谿之險, 威天下不以兵革之利. 得道者多助, 失道者寡助. 寡助之至, 親戚畔之, 多助之至, 天下順之. 以天下之所順, 攻親戚之所畔, 故君子有不戰, 戰必勝矣."

맹자가 말하였다. "계절이나 기후는 지형이 가진 장점보다 못하고, 지형이 가진 장점은 사람들이 화합하는 것보다 못합니다. 3리의 내성內城과 그것을 둘러싼 7리의 외곽外郭이지만, 적이 침입하여 이 성곽을 포위하고 공격해도 승리할 수 없었습니다. 이렇게 포위하여 공격하는 동안 반드시 공격하기에 알맞은 계절이나 기후가 있었겠지만, 그래도 승리할 수 없었던 것은 계절이나 기후가 지형이 가진 장점보다 못하다는 뜻입니다. 또 성벽이 높지 않은 것도 아니고, 해자垓字가 깊지 않은 것도 아니며, 병기와 갑옷이 단단하지 않거나 예리하지 않은 것도 아니고, 식량이 부족한 것이 아닌데도 불구하고 적이 침범해 오니 곧 성을 버리고 도망하는 것은 지형이 가진 장점이 사람들의 화합보다 못하다는 것을 뜻합니다. 그래서 백성들을 다른 나라로 이주하지 않도록 만드는데 국경을 사용하지 않고, 나라를 견고히 보호하는데 산천의 험준함에 의지하지 않으며, 세상에 위세를 떨치는데 병기의 예리함에 의지하지 않는다고 말했던 것입니다. 도를 얻어 실천하는 사람에게는 돕는 사람이 많고, 도를 잃은 사람에게는 돕는 사람이 적습니다. 돕는 사람이 적어져 그 마지막에 이르렀을 때는 친척마저도 배반하고, 돕는 사람이 많아져 그 마지막에 이르렀을 때는 세상 모든 사람이 순종합니다. 세상의 모든 사람이 순종하는 사람이 친척마저도 배반하는 사람을 정벌하기 때문에, 군자는 혹 전쟁을 할 필요가 없을 수는 있어도, 전쟁한다면 반드시 승리하는 것입니다."

역자 해설

『순자荀子』「왕패편王霸篇」에서 "농부가 전심전력으로 농사에 종사하며 다른 곳에 힘을 쏟지 않으면, 위로는 천시를 잃지 않게 되며, 아래로는 지리를 잃지 않게 되고, 가운데로는 인화를 얻어 모든 일에 실패가 없다"(農夫朴力而寡能, 則上不失天時, 下不失地利, 中得人和而百事不廢.)라고 하였다. 여기서 '천시', '지리', '인화'라는 말이 그 당시 일반적으로 쓰였던 것이지만, 사람에 따라 가리키는 내용이 달랐던 것으로 보인다. 순자의 말에서 '천시天時'는 농시農時(농사짓는 때)를, '지리地利'는 지력地力(땅의 비옥함 정도)을 그리고 '인화人和'는 사람 사이의 조화된 분업分業을 가리키는 것으로 해석된다. 맹자의 말속에서 '천시'가 가리키는 것은 전쟁을 수행하기에 좋은 날씨나 기후를 가리키고, '지리'는 높은 성곽, 깊은 해자와 산천의 험준함을 가리키며, '인화'는 백성들의 군주에 대한 지지나 단결을 뜻한다. 무엇보다 '인화'가 중요하다는 점을 맹자가 강조하고 있다. 또 일반적으로 성곽城郭이라고 묶어서 표현하지만, 적이 침입했을 때, 바깥의 1차 저지선 역할을 하는 성벽을 곽이라고 부르고, 그 안쪽의 2차 저지선을 성이라고 불렀다.

두 번째 2

孟子將朝王, 王使人來曰, "寡人如就見者也*, 有寒疾不可以風. 朝, 將視朝, 不識可使寡人得見乎?"

對曰, "不幸而有疾, 不能造朝."

明日, 出弔於東郭氏.

公孫丑曰, "昔者辭以病, 今日弔, 或者不可乎?"

曰, "昔者疾, 今日愈, 如之何不弔?"

王使人問疾, 醫來.

孟仲子對曰, "昔者有王命, 有采薪之憂**, 不能造朝. 今病少愈, 趨造於朝, 我不識能至否乎?"

使數人要於路, 曰, "請必無歸, 而造於朝!"

不得已而之景丑氏宿焉.

景子曰, "內則父子, 外則君臣, 人之大倫也. 父子主恩, 君臣主敬. 丑見王之敬子也, 未見所以敬王也."

曰, "惡! 是何言也! 齊人無以仁義與王言者, 豈以仁義爲不美也? 其心曰, '是何足與言仁義也'云爾, 則不敬莫大乎是. 我非堯舜之道, 不敢以陳於王前, 故齊人莫如我敬王也."

景子曰, "否, 非此之謂也. 禮曰, '父召, 無諾, 君命召, 不俟駕.' 固將朝也, 聞王命而遂不果, 宜與夫禮若不相似然."

曰, "豈謂是與? 曾子曰, '晉楚之富, 不可及也, 彼以其富, 我以吾仁, 彼以其爵, 我以吾義, 吾何慊乎哉?' 夫豈不義而曾子言之? 是或一道也. 天下有達尊三, 爵一, 齒一, 德一. 朝廷莫如爵, 鄕黨莫如齒, 輔世長民莫如德. 惡得有其一以慢其二哉? 故將大有爲之君, 必有所不召之臣, 欲有謀焉, 則就之. 其尊德樂道, 不如是, 不足與有爲也. 故湯之於伊尹, 學焉而後臣之, 故不勞而王, 桓公之於管仲, 學焉而後臣之, 故不勞而霸. 今天下地醜德齊, 莫能相尙, 無他, 好臣其所敎, 而不好臣其所受敎. 湯之於伊尹, 桓公之於管仲, 則不敢召. 管仲且猶不可召, 而況不爲管仲者乎?"

* '과인寡人'은 제후가 스스로를 겸손하게 부르는 말로 '덕이 부족한 사람'(寡德之人)이라는 뜻이다.

** '채신지우采薪之憂'는 질병을 가리키는 말로, 맹자 당시 일반적으로 사용되던 용어이다. 『예기禮記·곡례하曲禮下』에서 "군주가 선비에게 활을 쏘도록 하였으나, 활을 쏠 수 없자, 병으로 사양하며 '저에게 땔감을 지고 있는 듯한 걱정이 있습니다'라고 하였다."(君使士射, 不能, 則辭以疾, 言曰某有負薪之憂.)는 기록이 있다. 이것에서 알 수 있는 것은 '부신지우負薪之憂'나 '채신지우采薪之憂' 모두 질병을 가리킨다는 것을 알 수 있다.

맹자가 제나라 선왕을 만나려고 하였는데, 왕이 사람을 보내와 말을 전하였다. "내가 마땅히 찾아가 만나려 했습니다만, 병이 있어 바람을 쐴 수 없습니다. 아침에 조정에서 선생을 만나겠습니다. 내가 만나 뵐 수 있겠습니까?"

맹자가 대답하였다. "불행히도 저 역시 병이 있어 조정에 나가지 못하겠습니다."

그다음 날, 맹자는 대부인 동곽씨의 집으로 조문을 하러 갔다.

공손추가 말하였다. "어제는 병을 핑계로 왕의 초청을 거절하시더니, 오늘 조문을 하신 것은 잘못되지 않았습니까?"

맹자가 대답하였다. "어제는 병을 앓다가 오늘은 나았는데, 왜 조문하지 못하겠는가?"

맹자가 조문하러 간 사이에, 왕이 사람을 보내와 문병하며, 의원도 보내왔다.

맹중자가 접대하며 말하였다. "어제 조정으로 들라는 왕명이 있었지만, 작은 병이 있어 조정에 나갈 수 없었습니다. 오늘은 병이 조금 호전되어 이미 조정으로 가긴 했습니다만 도착할 수 있을는지는 알 수 없습니다."

그렇게 말하고는 다시 몇 사람을 보내 귀가하는 맹자를 길에서 만나 "집으로 돌아오지 마시고 바로 조정으로 왕을 만나러 가십시오."라고 전하게 하였다.

맹자는 어쩔 수 없어 경추씨를 찾아가 그곳에서 하루를 묵었다.

경추씨가 말하였다. "집안에서는 부자관계가, 그리고 집 밖에서는 군신관계가 있어서, 이것은 사람에게 가장 중요한 윤리입니다. 부자 사이에는 자애로움이 주가 되고, 군신 사이에는 공경이 주가 됩니다. 저는 다만 왕께서 선생을 공경하는 것을 보았을 뿐, 선생께서 왕을 공경하는 것을 보지 못하였습니다."

맹자가 말하였다. "아니 그게 무슨 말입니까? 제나라 사람 중에 인仁과 의義로 왕에게 간언하는 사람이 없는데, 그렇다고 해서 그들이 어떻게 인과 의를 좋지 않다고 생각하겠습니까? 다만 그들의 마음속에는 '왕이 어떻게 인과 의의 도리를 함께 이야기할 만한 사람이 되겠는가?'라고 생각할 뿐인데, 만약 그렇다면 불경不敬한 것 가운데 이보다 더 큰 불경한 것이 있을 수 없습니다. 나는 요와 순이 실천했던 도가 아니면 왕 앞에서 감히 이야기하지 않습니다. 그러므로 제나라 사람 중에 나보다 더 왕을 공경하는 사람은 없다고 할 수 있습니다."

경자가 말하였다. "그것이 아닙니다. 제 말은 그것을 두고 한 말이 아닙니다. 전해져 내려오는 예禮에 의하면 '부친이 부르면 대답이 필요 없이 달려가며, 군주가 부르면 마차가 준비되는 것을 기다리지 않는다.'라고 하였습니다. 본래 왕을 만나려 마음먹고 준비하다가 막상 왕이 부르자 가지 않은 것은 예禮에서 이야기하는 것과 서로 일치하지 않는 것 같습니다."

맹자가 말하였다. "어떻게 그런 것을 말하는 것이겠습니까? 증자는 '진나라와 초나라의 경제력은 내가 따라가지 못하지만, 그들에게 재물이 있다면 나에게는 인仁이 있고, 그들에게 높은 벼슬이 있다면 나에게는 의義가 있는데, 내가 왜 그들보다 부족하다고 여기겠는가?'라고 말하였습니다. 이것이 만약 옳은 것이 아니라면 증자가 어떻게 그렇게 말했겠습니까? 대체로 일리가 있는 말입니다. 세상에서 존귀하다고 인정되는 것 3가지가 있는데, 벼슬이 그중의 하나이고, 나이가 그중의 하나이며, 덕망이 그중의 하나입니다. 조정에서는 벼슬보다 더 존귀한 것이 없고, 마을에서는 나이보다 더 존귀한 것이 없으며, 사회를 이끌고 백성들을 성장시키는 데는 덕망이 제일입니다. 어떻게 세 가지 중 하나만을 의지해 나머지 둘을 경시할 수 있겠습니까? 그러므로 큰일을 하는 군주에게는 반드시 쉽게 오라 가라 부를 수 없는 신하가 있고, 만약 의논해야 할 어떤 일이 있다면 친히 신하를 찾아가는 법입니다. 덕을 존중하고 인을 실천하는 정치를 실행하길 즐거워하는 것이 이 정도가 되지 않는다면 그런 군주는 함께 일하기에 부족합니다. 그래서 탕은 먼저 이윤에게 배운 후에 그를 신하로 삼아 힘들이지 않고 왕이 되었고, 제나라의 환공 역시 먼저 관중에게 배운 후에 그를 신하로 삼아 힘들이지 않고 제후 가운데 패자가 되었습니다. 지금 각 나라의 국토는 그 넓이가 비슷하고, 그 실천하는 덕이 비슷하여 서로 간에 그 어느 나라도 다른 나라를 월등히 능가해 뛰어나지 못하는 것은 다른 이유가 있는 것이 아니라, 바로 자기가 가르치는 사람을 신하로 두기를 좋아하고, 자기가 가르침을 받을 사람을 신하로 두기를 좋아하지 않기 때문입니다. 탕은 이윤을, 그리고 환공은 관중을 함부로 불러서 만나지 않았습니다. 관중조차 불러서 만나지 않았는데, 그런 관중을 대단치 않게 여겨서 관중처럼 되지 않으려는 사람은 더욱 그렇지 않겠습니까?"

세 번째

3

陳臻問曰, "前日於齊, 王餽兼金一百, 而不受. 於宋, 餽七十鎰而受, 於薛,* 餽五十鎰而受, 前日之不受是, 則今日之受非也. 今日之受是, 則前日之不受非也. 夫子必居一於此矣."

孟子曰, "皆是也. 當在宋也, 予將有遠行, 行者必以贐. 辭曰, '餽贐.' 予何爲不受? 當在薛也, 予有戒心. 辭曰, '聞戒, 故爲兵餽之.' 予何爲不受? 若於齊, 則未有處也. 無處而餽之, 是貨之也. 焉有君子而可以貨取乎?"

* '설薛'나라는 춘추시대에 존재했던 나라로, 맹자가 생존했던 시기에는 이미 제나라에 의해 멸망한 뒤였다. 주광업周廣業은 『맹자출처시지고孟子出處時地考』에서 "맹자가 있었던 설나라는 제나라 정곽군 전영田嬰의 봉지로, 춘추시대의 설나라가 아니다(孟子所在之薛, 乃齊靖郭君田嬰封邑, 非春秋之薛也)라고 하였다.

진진이 맹자에게 질문하였다. "지난번 제나라에서는 왕이 황금 100일鎰을 보내왔는데 받지 않으셨습니다. 그런데 후에 송나라에서는 70일鎰을 보내왔는데도 받으셨고, 설나라에서는 50일鎰을 보내왔는데도 받으셨습니다. 만약 지난번에 받지 않은 일이 옳았다면 이번에 와서 받은 것은 옳지 않은 것이 되고, 만약 이번에 받은 것이 옳은 것이라면 지난번에 받지 않은 것이 옳지 않게 됩니다. 선생님께서는 이 두 가지 중 어느 하나일 것입니다."

맹자가 대답하였다. "모두 옳게 행동한 것이네. 송나라에서는 마침 먼 길을 떠나려 준비하고 있었고, 먼 길을 떠나는 사람에게는 반드시 여비로 쓸 전별금을 주게 마련이네. 보내온 말에 '여비에 보태라고 드리는 것'이라는데, 내가 그것을 어떻게 받지 않겠는가? 설나라에서는 가려고 하는 길에 위험한 곳이 있다는 이야기를 듣고, 그 위험을 대비하려고 준비하고 있었다네. 보내온 말에 '위험을 경계해야 한다는 소리를 듣고 무기를 장만하는데 보태라고 드리는 것'이라는데, 내가 무엇 때문에 그것을 받지 않겠는가? 반면에 제나라에서는 금전을 쓸데가 없었다네. 받아야 할 이유가 없는데도 나에게 금전을 보내오는 것은 뇌물을 주는 것인데, 어떻게 군자가 뇌물에 매수될 수 있겠는가?"

역자 해설

조기趙岐의 해설에 의하면 진진陳臻은 맹자孟子의 제자이다. 그러나 그의 일생행적에 대해서는 알려져 있지 않다. 진진은 맹자가 제나라와 송나라, 설나라에서 처신한 행위가 서로 모순이어서 한쪽에서 행한 행위가 옳다면 다른 곳에서 행한 행위는 그른 것이 된다고 생각하였다. 즉 군주가 주는 재물을 받으려면 모든 곳에서 다 받고, 받지 않으려면 또한 모든 곳에서 다 받지 않아야지, 어느 곳에서는 받고 또 다른 곳에서는 받지 않는 것은 행위에 일관성이 없다고 생각하여 맹자가 잘못하고 있음을 비교적 온건하게 지적하고 있고, 맹자는 그 지적에 대해 구체적인 상황이 달랐기에 다른 처신이 나오게 되었다고 설명한다.

네 번째

4

孟子之平陸, 謂其大夫曰, "子之持戟之士, 一日而三失伍, 則去之否乎?"

曰, "不待三."

"然則子之失伍也亦多矣.* 凶年饑歲, 子之民, 老羸轉於溝壑,** 壯者散而之四方者, 幾千人矣."

曰, "此非距心之所得爲也."

曰, "今有受人之牛羊而爲之牧之者, 則必爲之求牧與芻矣. 求牧與芻而不得, 則反諸其人乎? 抑亦立而視其死與?"

曰, "此則距心之罪也."

他日, 見於王曰, "王之爲都者, 臣知五人焉. 知其罪者, 惟孔距心." 爲王誦之.

王曰, "此則寡人之罪也."

* 실오失伍에서 '오伍'는 줄이나 행열을 뜻하는 말로, '실오失伍'란 행열에서 이탈한 것을 가리킨다. 여기에서는 병사(전사)로서의 직책과 직무를 제대로 수행하지 않는 것을 뜻한다.

** 노리전어구학老羸轉於溝壑에서 '리羸'는 곧 '약弱'의 뜻으로, '노리老羸'는 나이가 들어 몸이 쇠약해진 사람을, '구학溝壑'은 도랑(하수도)과 산의 계곡을 각각 가리킨다. 노쇠한 사람들이 도랑이나 계곡에서 뒹군다는 말은 곧 굶어

죽은 시신이 도랑이나 계곡에서 뒹굴고 있다는 뜻이다.

맹자가 평륙으로 가서 그 대부大夫에게 말하였다. "만약 당신의 병사가 하루에 세 번이나 자신의 직책을 수행하지 않는다면 파면하지 않겠습니까?"

공거심孔距心이 대답하였다. "세 번까지 기다리지도 않겠습니다."

맹자가 말하였다. "그런데 당신은 직책을 제대로 수행하지 않는 적도 많습니다. 흉년으로 기근이 든 해에 당신의 백성 가운데 노약자는 시신이 되어 도랑과 계곡에 굴러다니고, 젊은 장정들은 흩어져 사방으로 도망한 것이 이미 천여 명에 가깝습니다."

공거심이 말하였다. "그런 일들은 이 공거심이 어떻게 할 수 있는 것이 아니었습니다."

맹자가 말하였다. "예를 들어 다른 사람들의 소와 양을 맡아 대신 키워주는 어떤 사람이 있다면, 그는 반드시 소와 양을 위해 목초지와 풀을 찾아야 할 것입니다. 그런데 만약 목초지와 풀을 찾지 못한다면 그 키우던 소와 양을 원주인에게 돌려줘야 하겠습니까? 아니면 그냥 서서 소와 양이 한 마리씩 죽어가는 것을 지켜봐야 하겠습니까?"

공거심이 말하였다. "그것은 이 공거심의 잘못입니다."

훗날에 맹자가 제나라 왕을 만나 말하였다. "왕의 나라를 다스리는 지방 관리 가운데 제가 다섯 사람을 알고 있는데, 그중에서 자기의 잘못을 알고 인정하는 사람은 오직 공거심 하나뿐이었습니다." 그리고 덧붙여 공거심과의 대화를 이야기해 주었다.

그러자 왕이 말하였다. "그것은 나의 잘못입니다."

역자 해설

'평륙平陸'은 제나라 변경에 있었던 읍邑으로, 지금의 산동성山東省 문상현汶上縣 북쪽이다. 전국시대 '대부大夫'는 읍邑을 관장하던 관리로, 대체로 현재의 군수에 해당하는 관직이다. 조기趙岐 역시 "대부는 읍을 다스리는 대부이다(大夫, 治邑大夫也.)"고 말하였다.

다섯 번째 5

孟子謂蚳蛙曰, "子之辭靈丘而請士師, 似也, 爲其可以言也. 今旣數月矣, 未可以言與?"

蚳蛙諫於王而不用, 致爲臣而去.

齊人曰, "所以爲蚳蛙則善矣, 所以自爲,* 則吾不知也."

公都子以告.

曰, "吾聞之也. 有官守者, 不得其職則去, 有言責者, 不得其言則去. 我無官守, 我無言責也, 則吾進退, 豈不綽綽然有餘裕哉?"

* '자위自爲'는 맹자의 처신을 가리켜 한 말이다. 지와는 맹자가 충고한 말을 듣고 왕에게 간언하였으나 왕이 듣지 않자 벼슬을 버리고 떠나 버렸다. 그러나 맹자는 여러 차례 제나라 왕을 만나 여러 이야기를 나누었지만, 맹자의 주장이 제나라 왕에게 받아들여지지 않았음에도 불구하고 제나라를 떠나지 않고 있음을 빗대어서 하는 말이다.

맹자가 지와蚳蛙에게 말하였다. "당신이 영구靈丘를 다스리는 벼슬을 사양하고, 굳이 감옥을 관장하는 사사士師 벼슬을 청한 것은 잘한 듯한데, 그 자리는 왕에게 직접 간언을 할 수 있는 자리이기 때문입니다. 그런데 지금 사사에 오른 지 이미 여러 달이 지났는데, 아직 왕에게 간언할 수 없었습니까?"

지와가 왕에게 간언을 올렸으나 받아들여지지 않자, 벼슬자리를 사직하고 물러났다.

제나라 사람들이 말하였다. "맹자가 지와에게 말한 것은 옳았지만, 그 자신이 한 것도 그 말처럼 했는지는 모르겠다."

공도자公都子가 이런 제나라 사람들의 이야기를 맹자에게 알렸다.

맹자가 말하였다. "내가 듣기로 관직에 오른 사람이 만약 그 직무를 완수하는 성과를 얻지 못한다면 그 자리에서 물러나야 하고, 왕에게 간언을 올려야 할 책임이 있는 사람은 자신의 말이 받아들여지지 않으면 그 자리에서 물러나야 한다네. 그런데 나에게는 관직도 없고, 왕에게 간언을 올려야 할 책임도 없어서 내가 나아가고 물러나는 처신에 어떻게 느긋하게 여유가 있지 않겠는가?"

역자 해설

조기趙岐의 주注에 따르면, '지와蚳鼃'는 제나라의 대부(齊大夫)이다. '영구靈丘'는 제나라 변경의 읍邑으로, 강영江永의 『군경보의羣經補義』에서는 지금의 산동성山東省 료성聊城지역이라 하고, 또 다른 견해로는 지금의 滕縣 부근이라는 주장도 있지만 모두 확실한 근거가 있는 것은 아니다.

여섯 번째

6

孟子爲卿於齊, 出弔於滕, 王使蓋大夫王驩爲輔行. 王驩朝暮見, 反齊滕之路, 未嘗與之言行事也.

公孫丑曰, "齊卿之位, 不爲小矣. 齊滕之路, 不爲近矣. 反之而未嘗與言行事, 何也?"

曰, "夫旣或治之, 予何言哉?"

맹자가 제나라의 경이 되어 등나라로 조문을 하러 가게 되었는데, 제나라 왕은 갑蓋을 다스리는 대부 왕환王驩을 보좌로 삼아 동행하게 하였다. 맹자는 왕환과 종일을 함께 보냈지만, 제나라와 등나라를 왕복하는 동안에 한 번도 그와 일에 관해 이야기하지 않았다.

공손추가 물었다. "제나라에서 경이라는 직위가 낮은 직위가 아니고, 제나라와 등나라의 거리가 그리 가까운 것도 아닌데, 그 길을 왕복하면서 왕환과 한 번도 일에 관해 이야기하지 않은 것은 무슨 까닭입니까?"

맹자가 대답하였다. "그가 이미 혼자서 일을 처리하는데, 내가 무슨 말을 하겠는가?"

역자 해설

맹자가 제나라의 '경卿'이 되었다고 할 때, 그 '경'은 '객경客卿'의 지위를 가리킨다. '객경'은 군주의 국정을 도와주는 자리이지만, 실질적인 권력을 행사한 것은 아니었다. 그래서 대부이고 부사인 왕환이 모든 일을 임의대로 처리해 버리는 오만한 행위를 할 수 있었다. 계본季本의 『맹자사적도보孟子事蹟圖譜』에 의하면, "맹자와 왕환은 이때 등문공滕文公의 장례에 참석한 것으로, 등滕나라의 문공이 큰 나라의 군주가 아니었기 때문에 제나라에서는 실질적인 권력을 가진 경을 보내지 않고, 맹자를 객경으로 임명하여 보내게 되었다"고 기록하고 있다. 등나라 정공定公의 장례에 참석하는 길이었다는 설도 있지만, 등나라 문공의 재위기간이 기원전 324년에서 316년까지 겨우 8년이었다는 점에서 문공일 가능성이 크다.

왕환이 관리하던 읍의 이름인 '갑蓋'에 대해 '합蓋'이나 '개蓋'로 발음해야 한다는 주장도 있지만, 어느 것이 정확한지 분명한 근거는 없다.

일곱 번째

7

孟子自齊葬於魯, 反於齊, 止於嬴.

充虞請曰, "前日不知虞之不肖, 使虞敦匠. 事嚴, 虞不敢請. 今願竊有請也. 木若以美然."

曰, "古者棺槨無度*, 中古棺七寸, 槨稱之. 自天子達於庶人, 非直爲觀美也, 然後盡而人心. 不得, 不可以爲悅, 無財, 不可以爲悅. 得之爲有財, 古之人皆用之, 吾何爲獨不然? 且比化者無使土親膚, 於人心獨無恔乎? 吾聞之也, '君子不以天下儉其親'."

* '관곽棺槨'은 각각 내관과 외관을 가리키는 것으로, 내관에는 시신을 담고, 이 내관은 다시 곽, 곧 외관에 담겼다. 맹자 당시에는 직위에 따라 수 겹으로 된 관곽이 신분계층에 따라 사용되었다. 출토된 전국시대의 자(尺)에 의하면, 맹자 당시의 1촌寸은 현재의 2.31cm에 불과하지만(현재의 1寸은 3.33cm이다), 그렇다 하더라도 7촌은 16cm가 넘는 상당히 두꺼운 관임을 알 수 있다.

맹자가 제나라에서 노나라로 가 모친의 장례를 마치고, 다시 제나라로 돌아오면서 영嬴에 머무르게 되었다.

충우充虞가 공손히 물었다. "이전에 저의 어리석음을 알지 못하시고 관棺 만드는 목공들을 관리하도록 하셨습니다. 그때에는 모두 일이 바빠 마음에 의문이 있어도 감히 여쭤보지 못하였는데, 이제 여쭤보고자 합니다. 장례에서 관棺이 지나치게 화려하지 않았는지요?"

맹자가 대답하였다. "먼 옛날에는 관棺과 곽槨의 크기와 두께에 대해 일정한 법도가 없었지만, 주공이 예법을 제정한 이후 비로소 관의 두께는 7촌으로 하고, 곽은 관의 크기와 두께에 맞추어 만들었다네. 천자로부터 일반 백성들에 이르기까지 관과 곽에 대해서는 단지 미관만을 고려하는 것이 아니라, 그렇게 한 후에야 비로소 효심을 다 표현하였다고 생각하는 것이네. 좋은 나무로 훌륭한 관과 곽을 만들 수 있는 벼슬을 얻지 못하였다면 부모를 장사지내는 자식의 마음은 기쁠 수 없고, 좋은 나무로 훌륭한 관과 곽을 만들 수 있는 재력이 없어도 자식의 마음은 기쁠 수 없네. 좋은 나무로 훌륭한 관과 곽을 만들 수 있는 지위에 있고, 또 그런 관과 곽을 살 수 있는 재력이 있으면, 옛사람들도 모두 그런 관과 곽을 사용하였는데 나라고 해서 왜 굳이 그렇게 하지 않겠는가? 또 돌아가신 분을 위해서 흙이 살에 직접 닿지 않도록 하는 것이 사람의 마음에도 위로가 되지 않겠는가? '군자는 세상 사람들 때문에 부모에게 물건을 아끼지 않는다.'라고 나는 들었네."

역자 해설

조기趙岐는 "맹자가 제나라에서 벼슬하고 있을 때, 모친상을 당하여 노나라로 돌아가 장사지냈다(孟子仕於齊, 喪母, 歸葬於魯)"고 설명하고 있다. 기원전 372년 출생설을 따를 경우, 모친상은 그의 나이 56세 때였고, 비록 객경이긴 하지만, 경대부로 장례를 비교적 성대하게 치렀다고 이해된다. 충우의 질문 역시 그와 같은 맥락에서 이해할 수 있다. 맹자는 추鄒나라에서 태어났으나, 그의 조상은 노魯나라의 공족公族이었던 맹손씨孟孫氏였기 때문에, 맹자는 그 모친을 추나라가 아니라, 조상의 땅인 노나라에 모셔 장례를 지낸 것으로 보인다.

여덟 번째

8

沈同以其私問曰, "燕可伐與?"

孟子曰, "可. 子噲不得與人燕, 子之不得受燕於子噲. 有仕於此, 而子悅之, 不告於王而私與之吾子之祿爵. 夫士也, 亦無王命而私受之於子, 則可乎? 何以異於是?"

齊人伐燕.

或問曰, "勸齊伐燕, 有諸?"

曰, "未也. 沈同問'燕可伐與', 吾應之曰, '可', 彼然而伐之也. 彼如曰, '孰可以伐之?' 則將應之曰, '爲天吏, 則可以伐之.' 今有殺人者, 或問之曰, '人可殺與?' 則將應之曰, '可.' 彼如曰, '孰可以殺之?' 則將應之曰, '爲士師,則可以殺之.' 今以燕伐燕, 何爲勸之哉?"

심동沈同이 개인적으로 맹자에게 물었다. "연나라를 토벌해도 되겠습니까?"

맹자가 대답하였다. "해도 되겠지요. 연나라의 왕 자쾌子噲는 자기 마음대로 연나라를 다른 사람에게 내줄 수가 없었고, 그 재상인 자지子之 역시 자쾌로부터 연나라를 받을 수가 없었습니다. 그런데도 그들은 그렇게 하였습니다. 예를 들어 이곳에 한 사士가 있는데, 선생이 그를 좋아하여 왕에게 고하지도 않고 선생 마음대로 자신의 관직과 봉록을 주어버리고, 그 사士 역시 왕의 명령 없이 마음대로 그 관직과 봉록을 받아도 되겠습니까? 자쾌와 자지의 행위가 이것과 무엇이 다르겠습니까?"

제나라가 연나라를 토벌하였다.

어떤 사람이 맹자에게 물었다. "제나라가 연나라를 토벌하도록 권했다는 것이 사실입니까?"

맹자가 대답하였다. "그런 일이 없었습니다. 심동이 '연나라를 토벌해도 되겠습니까?'라고 묻기에 나는 그저 '그렇게 해도 되겠지요'라고 대답했더니 그는 그렇게 연을 토벌했을 뿐입니다. 그가 만약 '누가 연을 토벌할 수 있겠습니까?'라고 다시 물어왔다면, 나는 '천天의 일꾼인 천리天吏만이 연을 토벌할 수 있을 뿐입니다'라고 대답했을 것입니다. 예를 들어 이곳에 살인범이 있는데, 어떤 사람이 '이 살인범을 죽여도 되겠습니까?'라고 묻는다면, 나는 '죽여도 됩니다'라고 대답하겠지요. 그리고 그가 다시 '누가 그를 죽일 수 있습니까?'라고 묻는다면 나는 '형벌을 관장하는 관리인 사사士師만이 죽일 수 있습니다'라고 대답할 것입니다. 지금 연나라와 똑같이 무도하고 포학한 제나라가 연나라를 토벌하는데 내가 무엇 때문에 토벌하라고 권하겠습니까?"

역자 해설

연나라는 제나라의 북쪽 국경을 접하고 있던 나라였다. 현재의 발해만에 접해 있었는데, 당시 연나라의 왕은 자쾌子噲(기원전 320~기원전 314 재위)였다. 즉위한 이듬해인 기원전 319년에 자지子之를 재상으로 임명하였는데, 개혁을 잘 추진하자 자쾌는 그 왕위를 자지에게 선양하였다. 그러자 연나라의 장군 시피市被 등이 태자 평平을 중심으로 반란을 일으켰고, 이 틈에 제나라가 침략해 연나라를 점령하였는데, 맹자와 심동의 대화는 바로 이 제나라가 연나라를 침략하기 직전의 상황으로 이해할 수 있다.

아홉 번째

9

燕人畔. 王曰, "吾甚慙於孟子."*

陳賈曰, "王無患焉. 王自以爲與周公孰仁且智?"

王曰, "惡! 是何言也!"

曰, "周公使管叔監殷, 管叔以殷畔. 知而使之, 是不仁也. 不知而使之, 是不智也. 仁智, 周公未之盡也, 而況於王乎? 賈請見而解之."

見孟子, 問曰, "周公何人也?"

曰, "古聖人也."

曰, "使管叔監殷, 管叔以殷畔也, 有諸?"

曰, "然."

曰, "周公知其將畔而使之與?"

曰, "不知也."

"然則聖人且有過與?"

曰, "周公, 弟也. 管叔, 兄也. 周公之過, 不亦宜乎? 且古之君子, 過則改之, 今之君子, 過則順之. 古之君子, 其過也, 如日月之食, 民皆見之, 及其更也, 民皆仰之. 今之君子, 豈徒順之, 又從而爲之辭."

* 맹자가 "왕께서는 속히 명령을 내려, 잡아온 늙고 어린 포로들을 모두 돌려보내게 하시고, 그 재물의 약탈을 멈추도록 한 후에, 연나라의 백성들과 의논하여, 새 임금을 세우고, 군사들을 연나라로부터 철수시킨다면, 겨우 제후들의 공격을 멈추게 할 수 있을 것입니다."(王速出令, 反其旄倪, 止其重器, 謀於燕衆, 置君而後去之, 則猶可及止也. 『맹자孟子』「양혜왕하梁惠王下 11」)라고 선왕에게 충고하고 권할 때, 선왕은 맹자의 말을 듣지 않았고, 그 결과 연나라 사람들의 반란을 겪게 되었다. 맹자의 충고를 받아들이지 않

아 나쁜 결과를 초래하게 되자 부끄럽다는 뜻이다.

연나라 사람들이 제나라에 반기를 들었다. 제나라 왕이 말하였다. "나는 맹자에게 너무 부끄럽다."

진가陳賈가 말하였다. "왕께서는 부끄러워 마십시오. 왕께서는 주공과 비교할 때 누가 더 인을 실천하고 지혜롭다고 생각하십니까?"

왕이 말하였다. "아! 그것이 무슨 말인가!"(내가 어떻게 주공과 비교될 수 있겠는가?)

진가가 말하였다. "주공이 관숙을 시켜 은나라를 감독하게 하였는데, 관숙은 도리어 은나라 백성들을 이끌고 반란을 일으켰습니다. 이런 결과를 주공이 예측하고서 관숙을 시켜 은나라를 감독하게 하였다면 주공은 인을 실천한 사람이 아니며, 만약 그것을 예측하지 못하였다면 주공은 지혜롭지 못한 사람입니다. 이렇게 인仁과 지智는 주공조차도 완전하게 실천하지 못했는데, 어떻게 왕께서 그것을 온전히 실천하겠습니까? 제가 맹자를 만나 해명해 보겠습니다."

진가가 맹자를 만나 물었다. "주공은 어떤 사람입니까?"

맹자가 대답하였다. "고대의 성인입니다."

진가가 다시 물었다. "그가 관숙에게 은나라를 감독하게 하였지만, 관숙은 도리어 은나라 백성들을 이끌고 반란을 일으켰다는데, 그런 일이 있었습니까?"

맹자가 대답하였다. "그런 일이 있습니다."

진가가 다시 물었다. "주공은 관숙이 반란을 일으킬 것인가를 미리 알고 그에게 은나라를 관리하게 시켰습니까?"

맹자가 대답하였다. "주공은 미리 알지 못했습니다."

진가가 말하였다. "그렇다면 성인 또한 잘못을 범할 수 있습니까?"

맹자가 대답하였다. "주공은 동생이고 관숙은 형이니, 동생이 되어 형이 반란을 일으킬 것인지를 의심하지 않은 것이어서 사람의 도리를 다한 것이 아니겠습니까? 더군다나 옛날의 군자는 잘못을 범하면 그것을 고쳤지만, 지금의 군자는 잘못을 범해도 그것을 고치는 것이 아니라 그 잘못을 그대로 따르고 맙니다. 옛 군자의 잘못은 마치 일식이나 월식 같아서 백성들이 모두 볼 수 있었고, 그 잘못을 고치게 되면 백성들이 모두 우러러보았습니다. 그러나 지금의 군자는 잘못을 범하고서도 그 잘못을 그대로 따르기만 하는 것이 아니라 더 나아가 그 잘못에 대해 변명까지 합니다."

역자 해설

여기에서 진가陳賈는 전형적인 양도논법(Dilemma)을 구사하고 있다. 양도논법은 두 개의 가정된 명제를 전제로 사용하며, 추론이라기보다는 오히려 논변술로 이해하는 것이 옳다. 상대를 쉽게 궁지로 몰아넣기 때문에 동서고금을 막론하고 논쟁에 많이 이용되었다. 진가陳賈에 의해 제기된 이 논변의 구조는 다음과 같다.

대전제1) 만약 알면서 그렇게 시켰다면 주공은 인자한 사람이 아니다.
대전제2) 만약 알지 못하고 그렇게 시켰다면 주공은 지혜로운 사람이 아니다.
소전제) 주공은 알았든지 알지 못했든지 둘 중의 하나이다.
결 론) 그러므로 주공은 인자한 사람이 아니든지 지혜로운 사람이 아니다.

양도논법에서 만약 소전제를 승인하게 되면 바람직하지 않은 결론도 승인하지 않을 수 없게 된다. 그리고 대전제 1, 2는 모두 '만약'으로 시작되는 가정된 명제이다. 이와 같은 양도논법에 대해 반박하기 위해서는 보통 다음과 같은 세 가지 방법을 사용한다.

첫째, 소전제의 선언지가 모든 가능한 경우를 망라하고 있는가를 살펴보고 만약 그렇지 못한 경우 간과된 선언지를 지적한다.(즉 주공이 정말 알고 있었던 경우와 몰랐던 경우와 같이 두 가지 가능성밖에 없는가를 확인하는 방법) 둘째, 대전제에 사용된 가정된 명제(가언판단)의 전건과 후건의 관계가 필연적인 연관성을 가지는가를 살펴보고 필연적인 연관성이 없다는 사실을 지적한다.(즉 반란을 일으킬 것을 알면서 보낸 것이 인자하지 않은 것과 필연적인 연관을 가지는지 등과 같은 문제) 세 번째, 도출된 결론과 모순되는 결론을 가진 새로운 양도 논법을 제시함으로써 본래의 양도논법을 반박할 수 있다. 맹자는 여기에서 이 3가지 논리적인 반박의 방법을 사용하는 것이 아니라, 직접 제 선왕의 잘못을 지적하는 방법을 택하고 있다.

열 번째

10

孟子致爲臣而歸. 王就見孟子, 曰, "前日願見而不可得, 得侍同朝, 甚喜. 今又棄寡人而歸, 不識可以繼此而得見乎?"

對曰, "不敢請耳, 固所願也."

他日, 王謂時子曰, "我欲中國而授孟子室, 養弟子以萬鍾*, 使諸大夫國人皆有所矜式. 子盍爲我言之!"

時子因陳子而以告孟子, 陳子以時子之言告孟子.

孟子曰, "然. 夫時子惡知其不可也? 如使予欲富, 辭十萬而受萬, 是爲欲富乎? 季孫曰, '異哉子叔疑! 使己爲政, 不用, 則亦已矣, 又使其子弟爲卿. 人亦孰不欲富貴? 而獨於富貴之中有私龍斷焉.' 古之爲市者, 以其所有易其所無者, 有司者治之耳. 有賤丈夫焉, 必求龍斷而登之, 以左右望, 而罔市利. 人皆以爲賤, 故從而征之. 征商自此賤丈夫始矣."

* 『좌전左傳』「소공昭公3年」에는 양을 재는 단위에 대해 다음과 같은 기록이

있다. "제나라에는 곡물의 양을 재는 4가지 단위가 있었는데, 두豆(斗)·구區·부釜·종鍾이 그것이다. 4승이 1두이고, 4두가 1구이며, 4구가 1부이고 10부가 1종이다(齊舊有四量, 豆區釜鍾, 四升爲豆, 各自其四以登於釜, 釜十則鍾). 이 기록에 따르면 구區는 한 말(一斗) 6승이고, 부釜는 여섯 말 4승이며, 종鍾은 6석石 4말이 된다. 따라서 '만종萬鍾'은 모두 6만 4천석으로 계산되지만, 당시 1승은 오늘날의 0.1937승에 불과하므로 6만 4천 석도 현재의 양으로 계산할 때 1만 3천석 정도에 불과하지만, 결코 적은 양은 아니다.

맹자가 제나라에서 관직을 그만두고 귀향을 준비하자, 왕이 와서 맹자를 만나 말하였다. "전에는 선생을 만나고 싶었지만 그렇게 할 수 없었고, 뒤에 선생과 함께 조정에 있을 수 있어 정말 기뻤습니다. 그런데 지금 다시 나를 남겨두고 돌아가시니, 이후에 다시 만나 뵐 수 있을지 모르겠습니다."

맹자가 대답하였다. "그것은 제가 감히 청할 수 없을 뿐이지, 진정으로 원하는 것입니다."

그 후 어느 날, 왕이 시자時子에게 말하였다. "나는 맹자에게 나라 안에다 집을 마련해 주고, 만종의 녹봉을 지급해 그 제자를 기르게 하여, 나라 안의 관리들과 백성들이 모두 본받을 것이 있도록 하고 싶은데, 선생은 나를 대신해 이 생각을 맹자에게 전해줄 수 있겠는가?"

시자는 진자陳子를 통해 이 말을 맹자에게 전하도록 하였고, 진자는 시자의 말을 맹자에게 전하였다.

맹자가 말하였다. "그렇게 말했는가? 하지만 시자가 일이 그렇게 될 수 없음을 어떻게 알겠는가? 만약 나를 부유하게 만들고 싶었다면, 10만 종의 봉록을 주지않고, 만 종의 봉록을 받도록 하는 것이 나를 부유하게 하는 것인가? 계손은 일찍이 '자숙의는 이상한 사람이다. 스스로 정치적 포부를 펼치려 했으나 받아들여지지 않으면 그만두고 말 것이지, 또 그 아들에게 경의 관직에 오르게 시키다니! 사람이라면 누가 부귀에 욕심이 없겠는가? 그런데 그는 홀로 부귀 중에서 좋은 것을 모두 차지하려 하는구나.' 라고 하였네. 옛날의 시장은 있는 것을 가지고 없는 것을 바꾸는 곳이니, 유사라는 관직은 이것만을 관리할 뿐이었다네. 그런데 후에 천박한 사내가 있었는데, 혼자 높은 언덕을 찾아 올라가 좌우를 살펴보고는 시장의 이익을 모두 거두어 가 버렸다네. 이런 사내의 행위를 보고 사람들이 모두 그를 천박하다고 생각하였고, 그로 인해서 세금을 거두게 되었는데, 상인에게 세금을 거두게 된 것이 바로 이 천박한 사내로부터 시작된 것이라네."

역자 해설

'농단龍斷'은 '농단壟斷'과 같은 말이다. 농단은 본래 높이 솟은 언덕을 가리키지만, 가장 좋은 자리를 차지해 이익이나 권력을 독점하는 의미로 확장되었다. 마지막 부분에서 맹자가 왜 자숙의에 대한 계손의 평가나 '천박한 사내(賤丈夫)'를 거론하는지 그 의도나 생각이 분명하게 드러나지 않는다. 하지만 전체적인 문맥에서 보자면, 권력이나 이익을 독점하는 자숙의나 천박한 사내가 되지 않기 위해서 그가 객경을 사직하고 제나라를 떠나게 되었다는 것으로 이해된다.

열한 번째 11

孟子去齊, 宿於晝. 有欲爲王留行者, 坐而言. 不應, 隱几而臥.

客不悅曰, "弟子齊宿而後敢言, 夫子臥而不聽, 請勿復敢見矣."

曰, "坐! 我明語子. 昔者魯繆公無人乎子思之側, 則不能安子思. 泄柳申詳無人乎繆公之側, 則不能安其身. 子爲長者慮, 而不及子思, 子絶長者乎? 長者絶子乎?"

맹자가 제나라를 떠나 주晝에서 하룻밤을 보내게 되었다. 왕을 위해 맹자가 떠나는 것을 만류하려는 사람이 있었는데, 공손하게 앉아 말하였다. 그러나 맹자는 그 말에 대꾸도 하지 않고 안석에 기대 누워버렸다.

그 사람이 불쾌해하며 말하였다. "저는 근신하며 하루를 보낸 후에 겨우 말씀을 드리는데, 선생께서는 누워 잠든 척하며 제 말을 듣지 않으니 다시는 뵙지 않겠습니다."

맹자가 말하였다. "먼저 앉으시오. 내가 분명하게 그대에게 말하겠습니다. 옛날 노나라의 목공은 자사 곁에 사람이 없으면 자사를 편안하게 할 수 없었고, 설류와 신상은 목공 곁에 사람이 없으면 그 몸을 편안히 할 수 없었습니다. 선생이 이 사람을 위해 염려하지만, 자사를 대하는 정도는 아닌데, 그대가 나를 거절하는 것이겠소, 내가 그대를 거절하는 것이겠소?"

역자 해설

조기趙岐의 해석에 따르면, "옛날 노나라의 목공은 자사를 존중하였으나, 자사는 그 뜻을 펼칠 수 없으면 떠나려 하였기 때문에 목공은 늘 현명한 사람을 보내 그를 만류하였고, 자사의 의견을 듣고 정치를 하겠다고 함으로써 자사를 머물러 있게 할 수 있었다."(往者魯穆公尊禮子思, 子思以道不行則欲去, 穆公常使賢人往留之, 說以方且聽子爲政, 然則子思復留.) 이 일화를 통해 맹자가 이야기하는 것은 선왕의 맹자에 대한 태도를 비판하고, 그가 제나라를 떠나는 것은 그의 주장이 받아들여져 실행되지 않는 것에 있는 것이기 때문에, 그가 떠나는 것은 전적으로 왕에게 책임이 있다는 것이다.

설류와 신상에 대해서도 조기趙岐는 다음과 같이 해석하였다. "설류와 신상 역시 현인이었지만, 목공은 자사만큼 존경하지는 않았다. 그래서 이 두 사람은 목공의 측근에 있는 현명한 사람(여기서는 자사와 같은 인물)이 늘 목공에게 떠나보내지 말도록 권해야만 노나라에 머무르고 떠나지 않을 수 있었다."(泄柳申詳, 亦賢者也. 穆公尊之不如子思, 二子常有賢者在穆公之側, 勸以復之, 其身乃安矣.) 자사와 같은 현인이 설류와 신상을 떠나보내지 말도록 목공을 설득했듯이, 당신이 현명한 사람이라면 나를 설득해 가지 못하도록 막는 것이 아니라 제왕을 설득해야 한다는 뜻이 이 설류와 신상의 일화에 담겨 있는 것이다.

전체적으로 보자면, 목공이 자사를 배려한 점과 현명한 신하가 설류와 신상을 떠나보내지 않도록 목공을 권면한 두 가지 측면 중에서 맹자는 후자의 측면을 강조해서 말하고 있다. 즉 선생이 나를 위한답시고 달려와 떠나지 말 것을 설득하지만, 그것에 앞서 왕을 설득해 왕이 나의 의견을 받아들여 인정왕도를 시행하도록 하는 것이 더욱 옳지 않겠는가? 그런데 도리어 나에게 달려와 나를 머무르도록 설득하는 것은 일의 본말이 전도된 것이 아닌가? 이 점과 함께 맹자가 제나라를 떠나는 것은 맹자 자신의 의도라기보다, 왕이 그것을 자초하였다는 점을 설명하고 있다.

열두 번째 12

孟子去齊. 尹士語人曰, "不識王之不可以爲湯武, 則是不明也. 識其不可, 然且至, 則是干澤也. 千里而見王, 不遇故去. 三宿而後出晝, 是何濡滯也? 士則玆不悅."

高子以告. 曰, "夫尹士惡知予哉? 千里而見王, 是予所欲也. 不遇故去, 豈予所欲哉? 予不得已也. 予三宿而出晝, 於予心猶以爲速, 王庶幾改之. 王如改諸, 則必反予. 夫出晝, 而王不予追也, 予然後浩然有歸志. 予雖然, 豈舍王哉! 王由足用爲善. 王如用予, 則豈徒齊民安, 天下之民擧安. 王庶幾改之! 予日望之! 予豈若是小丈夫然哉? 諫於其君而不受, 則怒, 悻悻然見於其面, 去則窮日之力而後宿哉?"

尹士聞之, 曰, "士誠小人也."

맹자가 제나라를 떠나자, 윤사尹士가 사람들에게 말하였다. "제나라의 왕이 상나라의 탕이나 주나라의 무왕처럼 될 수 없다는 것을 몰랐다면 맹자는 어리석은 사람이다. 그렇게 될 수 없다는 것을 알면서도 제나라에 왔었다면 맹자가 부귀를 구한 것이다. 천 리 길을 달려와서 왕을 만났다가 서로 맞지 않았기 때문에 떠나는 것인데, 사흘 동안 머문 후에 주晝를 떠났으니 왜 그렇게 지체하는 것인가? 나는 맹자의 이런 모습이 불쾌하다."

고자高子가 윤사의 말을 맹자에게 전하였다.

맹자가 말하였다. "윤사가 어떻게 나를 이해할 수 있겠는가? 천 리 길을 달려와서 왕을 만난 것은 내가 원했던 것이네. 서로 맞지 않아 떠나는 것은 어떻게 내가 원한 일이겠는가? 어쩔 수 없었을 뿐이네. 내가 사흘을 머문 후에 주晝를 떠난 것에 대해 내 마음에는 그래도 너무 빨랐다고 생각된다네. 왕이 혹시 마음을 바꾸기를 바랐는데, 왕이 만약 생각을 바꾼다면 반드시 나를 되돌아오도록 불렀을 것이네. 그러나 주를 떠나서도 왕은 나를 좇아오지 않았으니, 이렇게 된 후에야 나는 미련 없이 돌아올 생각을 하게 되었네. 내가 비록 이렇게 떠나왔지만 그렇다고 내가 어떻게 제나라 왕이 선한 정치를 펼칠 수 있다는 생각을 버리겠는가? 제나라의 왕은 (비록 상의 탕이나 주나라의 무왕과 같지는 않지만) 그래도 충분히 선한 정치를 펼칠 수 있는데, 만약 왕이 나의 의견을 받아들인다면 어떻게 제나라의 백성들만 편안해질 뿐이겠는가, 세상의 백성들이 모두 편안해질 수 있을 것이네. 왕이 혹시 그 태도를 바꿀까 내가 날마다 얼마나 고대했었나! 그런데 내가 어떻게 그토록 소인배처럼 굴겠는가? 왕에게 이야기해도 받아들여지지 않으면 화를 내며, 그 불쾌함을 얼굴에 드러내고, 떠나올 때는 올 수 있는 곳까지 온 힘을 다해 달려온 후에야 묵는 짓을 해야 하겠는가?"

윤사가 이 말을 듣고 말하였다. "내가 진정 소인이구나."

열세 번째

13

孟子去齊, 充虞路問曰, "夫子若有不豫色然. 前日虞聞諸夫子曰, '君子不怨天, 不尤人.'"

曰, "彼一時, 此一時也. 五百年必有王者興, 其間必有名世者. 由周而來, 七百有餘世矣. 以其數, 則過矣, 以其時考之, 則可矣. 夫天未欲平治天下也. 如欲平治天下, 當今之世, 舍我其誰也? 吾何爲不豫哉?"

맹자가 제나라를 떠나는데, 충우充虞가 길을 가면서 물었다. "선생님께서 유쾌하지 않으신 것 같습니다. 언젠가 선생님께서 '군자는 천天을 원망하지 않고, 사람을 허물하지 않는다.'라고 말씀하시는 것을 들은 적이 있습니다."

맹자가 대답하였다. "그때는 그때이고, 지금은 지금이라네. 오백 년마다 반드시 진정한 왕이 나오고, 그 무렵에는 반드시 세상에 이름을 떨치는 사람이 나오게 마련이었네. 주나라의 무왕 이후 지금까지 이미 칠백여 년이나 흘렀으니, 햇수로는 왕이 나올 오백 년이 지났고, 시세의 흐름을 보자면 지금이 바로 왕이 나올 때이네. 다만 천天이 세상을 평화롭게 다스리려 하지 않을 뿐이네. 만약 세상을 평화롭게 다스리고자 한다면, 지금의 세상에서 나 외에 누가 있겠는가? 그런데 내가 무엇 때문에 불쾌하겠는가?"

역자 해설

'군자는 천天을 원망하지 않고, 사람을 허물하지 않는다.'는 구절은 본래 공자의 말이다. 이 말은 『논어論語』「헌문憲問」 37장에 실려 있고, 『중용中庸』 14장에도 "위로 천天을 원망하지 않고, 아래로 사람을 허물하지 않는다(上不怨天, 下不怨人)"라고 말한다. '군자는 그 하는 일이 뜻대로 되지 않는다고 하늘을 원망하거나 다른 사람을 탓하지 않는다'라는 뜻이다.

열네 번째

14

孟子去齊, 居休. 公孫丑問曰, "仕而不受祿, 古之道乎?"

曰, "非也. 於崇, 吾得見王, 退而有去志, 不欲變, 故不受也. 繼而有師命, 不可以請. 久於齊, 非我志也."

맹자가 제나라를 떠나 휴休에 머물렀다. 공손추가 물었다. "관직에 있으면서 봉록을 받지 않는 것이 옛날의 법도입니까?"

맹자가 대답하였다. "그렇지 않네. 숭崇에서 내가 왕을 만날 수 있었는데, 돌아와서는 곧 떠나가려고 했었네. 그 생각을 바꾸고 싶지 않았기 때문에 봉록을 받지 않았을 뿐이네. 그 후 곧 이어 전쟁으로 군대를 동원하는 명령이 있어 떠나겠다는 말을 못 했을 뿐, 이렇게 오래도록 제나라에 머무른 것은 내 뜻이 아니었네."

05. 등문공장구滕文公章句 상上

첫 번째

1

滕文公爲世子, 將之楚, 過宋而見孟子. 孟子道性善, 言必稱堯舜.

世子自楚反, 復見孟子.

孟子曰, "世子疑吾言乎? 夫道一而已矣. 成覸謂齊景公曰, '彼, 丈夫也, 我, 丈夫也, 吾何畏彼哉?' 顏淵曰, '舜, 何人也? 予, 何人也? 有爲者亦若是.' 公明儀曰, '文王, 我師也, 周公豈欺我哉?' 今滕絶長補短, 將五十里也, 猶可以爲善國. 書曰, '若藥不瞑眩, 厥疾不瘳.'"

등滕나라의 문공文公이 세자가 되어, 초楚나라로 가면서 송宋나라에 들러 맹자를 만났다. 맹자는 사람의 본성이 본래 선하다는 것을 이야기하였고, 말할 때는 반드시 요堯와 순舜의 행적을 들어 설명하였다.

세자가 초나라에서 돌아오는 길에 다시 맹자를 만났다.

맹자가 말하였다. "세자께서는 나의 말을 믿지 않습니까? 도는 하나일 뿐입니다. 성간成覸은 제나라의 경공에게 '그도 한 남자이고 나도 한 남자인데, 내가 무엇 때문에 그를 두려워하겠는가?'라고 하였습니다. 또 안연은 '순은 어떤 사람이고, 나는 또 어떤 사람인가? 노력하면 역시 그렇게 될 수 있을 뿐이다'라고 하였습니다. 그리고 공명의는 '문왕이 나의 스승인데, 주공이 어떻게 나를 기만하겠는가?'라고도 하였습니다. 지금의 등나라는 그 국토를 모아 헤아려 보면 사방 오십 리는 되니, 좋은 나라로 만들 수 있습니다. 『서경書經』에는 '약을 먹었는데도 만약 어지럽지 않으면 병은 낫지 않는다.'라고 하였습니다."

역자 해설

등나라는 지금의 산동성山東省 남부인 등주시滕州市에 해당한다. 국성은 희姬로, 시조인 착숙수錯叔繡는 주공의 14번째 아들이다. 기원전 414년에 월越나라에 일시적으로 정복되었지만, 곧 복국되었으나, 이후 송宋나라 강왕康王의 침략으로 멸망하였다. 등나라는 노魯나라의 속국이었고, 묵가墨家의 창시자인 묵자墨子의 출생지이다. 문공은 이 등나라의 제30대 군주로 재위기간은 기원전 323년에서 기원전 316년이었다.

맹자가 말한 세 사람의 인물, 그 가운데 '성간成覸'은 『회남자淮南子』에서는 성형成荊으로, 『전국책戰國策』에서는 '성경成慶' 등의 다른 이름으로 등장하는데, 제齊나라 경공景公의 용맹한 신하로 알려져 있다. 반면 '공명의公明儀'는 『예기禮記』의 「단궁檀弓」과 「제의祭義」 편 등에서 그 이름이 확인되는데, 정현鄭玄의 해설에 따르면 증자曾子의 제자이지만, 자장子張의 제자라는 설도 있다. 성간과 안연, 공명의는 모두 노력하면 순이나 문왕, 주공과 같은 인물처럼 될 수 있다는 것을 말하고 있고, 이것은 비록 작은 등나라도 노력하면 좋은 나라를 만들 수 있다는 것을 뜻한다.

두 번째

2

滕定公薨, 世子謂然友曰, "昔者孟子嘗與我言於宋, 於心終不忘. 今也不幸至於大故, 吾欲使子問於孟子, 然後行事."

然友之鄒問於孟子. 孟子曰, "不亦善乎! 親喪, 固所自盡也. 曾子曰, '生, 事之以禮, 死, 葬之以禮, 祭之以禮, 可謂孝矣.' 諸侯之禮, 吾未之學也, 雖然, 吾嘗聞之矣. 三年之喪, 齊疏之服*, 飦粥之食, 自天子達於庶人, 三代共之."

然友反命, 定爲三年之喪. 父兄百官皆不欲, 曰, "吾宗國魯先君莫之行, 吾先君亦莫之行也, 至於子之身而反之, 不可. 且志曰, '喪祭從先祖.'"

曰, "吾有所受之也."

謂然友曰, "吾他日未嘗學問, 好馳馬試劍. 今也父兄百官不我足也, 恐其不能盡於大事, 子爲我問孟子!"

然友復之鄒問孟子. 孟子曰, "然, 不可以他求者也. 孔子曰, '君薨, 聽於冢宰, 歠粥, 面深墨, 卽位而哭, 百官有司莫敢不哀, 先之也.' 上有好者, 下必有甚焉者矣. 君子之德, 風也, 小人之德, 草也. 草尙之風, 必偃. 是在世子."

然友反命. 世子曰, "然, 是誠在我."

五月居廬, 未有命戒. 百官族人可, 謂曰知. 及至葬, 四方來觀之, 顔色之戚, 哭泣之哀, 吊者大悅.

* 조선시대의 경우, 3년 부모상은 참최복斬衰服을, 조부모나 부인상 등 1년상은 자최복齋衰服을 입었다. 참최복은 삼베 중에서 가장 굵은 가공하지 않은 생포生布를 사용한다. 참斬이란 '마름질하지 않았다'는 뜻으로, 생포의 가장자리를 바느질하지 않은 상태로 만든 상복을 가리킨다. 반면 자최의 '자齊'는 생포의 가장자리를 꿰매어 마름질해서 만든 상복을 가리킨다. 자소齊疏는 자최, 곧 가장자리를 마름질한 자최복을 뜻하는 것으로 이해된다.

등나라의 정공이 사망하자, 세자가 연우에게 말하였다. "이전 송나라에서 맹자가 나에게 이야기해 준 것이 있었는데, 내 마음속에서 그것을 잊은 적이 없습니다. 지금 불행하게도 부친상을 당

했는데, 나는 먼저 선생을 맹자께 보내 어떻게 해야 할지 물어본 후에 장례를 치르고 싶습니다."

연우가 추나라로 가서 맹자에게 어떻게 장례를 치러야 하는지를 물었다.

맹자가 말하였다. "진정 착하지 않습니까! 부모의 상을 당해서는 참으로 그 마음을 다해야 합니다. 증자는 '부모가 살아 계실 때는 예에 맞게 섬기고, 돌아가시면 예에 맞게 장사지내며, 또 예에 맞게 제사 지낸다면 효를 온전히 실천했다고 말할 수 있다.'라고 말했습니다. 저는 제후의 예법에 대해 아직 배우지 못하였지만, 조금 들은 것은 있습니다. 삼년상을 지내는 동안 거친 베로 만든 상복을 입고, 거친 음식을 먹는 것은 신분에서는 천자로부터 일반인에 이르기까지, 그리고 시대적으로는 하나라와 상나라, 주나라 삼대가 공통으로 지켜왔던 것입니다."

연우가 돌아와 맹자의 말을 전하자, 태자는 삼년상을 치르기로 하였다. 하지만 종친과 관리들이 모두 반대하며 말하였다. "우리의 종주국인 노나라의 선대 군주들도 삼년상을 치르지 않았고, 우리나타의 선대 군주들도 그렇게 하지 않았는데, 지금 그대에 와서 그런 전통을 어기고 삼년상을 치를 수는 없습니다. 전하는 기록에 의하면 '상례와 제례는 선조를 따른다.'라고도 하였습니다."

태자가 말하였다. "내가 배움을 얻은 것이 있어서 그렇게 하려는 것이다."

그리고는 연우에게 말하였다. "내가 전날 학문에 힘쓰지 않고, 말달리고 검 휘두르기를 좋아했더니 이제 부형과 여러 관리가 나를 부족하게 생각하고, 큰일을 치르지 못할까 걱정합니다. 그러니 선생께서는 제가 어떻게 해야 할지를 맹자께 다시 한번 물어봐 주십시오."

연우가 다시 추에 가서 맹자에게 물었다.

맹자가 답하였다. "그렇습니다. 다른 데서 구할 것이 아닙니다. 공자는 '군주가 죽으면 국정은 총재에게 맡겨버린 후, 죽을 마시고 얼굴이 시커멓게 되어 상주의 자리에 나가 곡을 하면, 여러 관리와 유사들이 슬퍼하지 않을 사람이 없는 것은, 그들에 앞서 그렇게 하기 때문이다. 위에서 좋아하는 것이 있으면 아래에는 반드시 그보다 더 좋아하게 되는 법이다. 군자의 덕은 바람과 같고, 소인의 덕은 풀과 같아서 풀 위에 바람이 불면 풀은 반드시 쓰러진다.'라고 말하였는데, 이것은 세자가 어떻게 하는가에 달려 있습니다."

연우가 돌아와 보고하였다.

세자가 말하였다. "그렇습니다. 이것이야말로 진정 나 하기에 달렸습니다."

다섯 달 동안을 여막에 거처하며 명령과 지적하는 것이 없었다. 여러 관리와 친족들이 모두 잘한다고 생각하며, 예법을 안다고 말하였다. 장례를 치를 적에는 사방의 사람들이 모두 와서 보았는데, 세자의 안색이 슬프고, 곡을 하는 것이 애통하게 보이자,

조문하는 사람들이 크게 만족하였다.

역자 해설

『논어』「양화」 21장의 내용에서 보자면, 부모의 상을 3년(만 2년으로, 24개월에서 27개월 전후)으로 하는 것은 태어난 어린아이가 최소한 3년 동안 부모의 보살핌을 받아야만 한다는 점에서 그 정당성의 근거를 찾는다. 하지만 이와 같은 3년상의 풍습이나 제도가 맹자 당시까지도 광범위한 계층에 수용되거나 받아들여졌던 것이 아니라는 점을 여기에서도 확인할 수 있다. 우리나라에서 3년상이 시행된 것은 삼국시대까지 거슬러 올라가지만, 그것이 하나의 풍습이나 제도로 일정 계층에 정착된 것은 성리학을 이념으로 했던 조선이 건국된 뒤였다.

세 번째

3

滕文公問爲國.

孟子曰, "民事不可緩也. 詩云, '晝爾于茅, 宵爾索綯, 亟其乘屋, 其始播百穀.' 民之爲道也, 有恒產者有恒心, 無恒產者無恒心. 苟無恒心, 放辟邪侈, 無不爲已. 及陷乎罪, 然後從而刑之, 是罔民也. 焉有仁人在位罔民而可爲也? 是故賢君必恭儉禮下, 取於民有制. 陽虎曰, '爲富不仁矣, 爲仁不富矣.' 夏后氏五十而貢, 殷人七十而助,周人百畝而徹, 其實皆什一也. 徹者, 徹也, 助者, 藉也. 龍子曰, '治地莫善於助, 莫不善於貢.' 貢者, 挍數歲之中以爲常. 樂歲, 粒米狼戾, 多取之而不爲虐, 則寡取之, 凶年, 糞其田而不足, 則必取盈焉. 爲民父母, 使民盻盻然, 將終歲勤動, 不得以養其父母, 又稱貸而益之, 使老稚轉乎溝壑, 惡在其爲民父母也? 夫世祿, 滕固行之矣. 詩云, '雨我公田, 遂及我私.' 惟助爲有公田. 由此觀之, 雖周亦助也. 設爲庠序學校以敎之. 庠者, 養也, 校者, 敎也, 序者, 射也. 夏曰校, 殷曰序, 周曰庠, 學則三代共之, 皆所以明人倫也. 人倫明於上, 小民親於下. 有王者起, 必來取法, 是爲王者師也. 詩云, '周雖舊邦, 其命維新.' 文王之謂也. 子力行之, 亦以新子之國!"

使畢戰問井地. 孟子曰, "子之君將行仁政, 選擇而使子, 子必勉之! 夫仁政, 必自經界始. 經界不正, 井地不均, 穀祿不平, 是故暴君汚吏必慢其經界. 經界旣正, 分田制祿可坐而定也. 夫滕, 壤地褊小, 將爲君子焉, 將爲野人焉. 無君子, 莫治野人, 無野人, 莫養君子. 請野九一而助, 國中什一使自賦. 卿以下必有圭田, 圭田五十畝, 餘夫二十五畝, 死徙無出鄕. 鄕田同井, 出入相友, 守望相助, 疾病相扶持, 則百姓 親睦. 方里而井, 井九百畝, 其中爲公田. 八家皆私百畝, 同養公田, 公事畢, 然後敢治私事, 所以別野人也. 此其大略也, 若夫潤澤之, 則在君與子矣."

등나라의 문공이 나라를 다스리는 것에 관해 물었다.

맹자가 답하였다. "백성의 일은 늦출 수 없습니다. 『시경』에서 '낮에는 띠풀을 베고, 밤에는 새끼를 꼬아, 빨리 지붕을 이은 후에, 비로소 씨앗을 뿌린다.'라고 하였습니다. 백성들이 사는 방식은 먹고 살 수 있는 일정한 경제적 근거가 필요한 것이어서, 먹고 살 수 있는 일정한 경제적 기반이 있는 사람은 변하지 않는 일정한 마음이 있고, 먹고 살 수 있는 일정한 경제적 기반이 없는 사람은 변하지 않는 일정한 마음이 없습니다. 진정 변하지 않는 마음이 없다면 방탕하고 편벽되며 사악하고 사치스러운 것 등 못하는 짓이 없을 것입니다. 죄에 빠진 뒤에 따라가 처벌한다면, 이것은 백성을 그물로 잡는 것이니, 어떻게 인을 실천하는 사람이 지위에 있으면서 백성들을 그물로 잡아들일 수 있겠습니까? 이런 까닭에 현명한 군주는 반드시 공손하고 검소하며 아랫사람을 예법으로 대하고, 백성들에게서 거두는 것에 일정한 규칙이 있습니다. 양호는 '부자가 되려면 인을 실천하지 못하고, 인을 실천하려면 부자가 될 수 없다'라고 말하였습니다. 하후씨는 50묘를 경작시키고 공貢법을 실행하였고, 은나라 사람은 70묘를 경작시키고 조助법을 시행하였으며, 주나라 사람은 100묘에 철徹법을 시행하였으니, 그 실상은 모두 10분의 1의 세금으로, 철徹이라는 것은 받는다는 뜻이고, 조助라는 것은 돕는다는 뜻입니다. 용자龍子는 '농지를 다스리는 것에 조법보다 좋은 것은 없고, 공법보다 나쁜 것은 없다. 공법이란 여러 해의 평균 소출을 계산하여 일정한 납부 기준으로 삼는 것이다.'라고 말하기도 했습니다. 풍년에는 곡식 낟알이 흩어질 만큼 풍부해, 많은 세금을 받아도 지나치지 않겠지만, 그럴 때는 적게 받아가고, 흉년에는 소득이 밭에 거름을 할 비용에도 모자라는데 그럴 때는 반드시 정한 액수를 다 채워서 받아 갑니다. 백성들의 부모가 되어 백성들이 원망스런 눈초리를 하면서 한 해 동안 부지런히 움직여도 그 부모를 봉양할 수도 없고, 빚을 내어 그 세금을 채우게 하여 노인과 어린 것들을 시궁창에 뒹굴도록 한다면 어떻게 그 백성들의 부모 구실을 한다고 하겠습니까? 세습하는 봉록은 등나라에서도 물론 시행하고 있을 것입니다. 『시경』에서는 '비가 우리 공전公田에 내리고, 마침내 우리 사전에도 내리는구나.'라고 하였으니, 조법에만 공전이 있다고 하는데, 이 시의 구절에서 보자면, 주나라에서도 조법을 시행하였습니다. 상서庠序와 학교를 설립하여 백성을 교육하니, 상은 기른다는 뜻이고, 교校는 가르친다는 뜻이며, 서는 활을 쏜다는 뜻입니다. 하나라에서 교라 말하고 은나라에서 서라 부르고, 주나라에서 상이라 말하였는데, 이처럼 배우는 것은 3대가 모두 같았고, 그것은 모두 인륜을 밝히기 위한 것입니다. 인륜이 위에서 밝아지고, 백성들은 아래에서 서로 친밀하게 되면, 왕이 등장하더라도 반드시 와서 그 법을 본받아 가게 될 것인데, 그렇게 되면 왕의 스승이 되는 것입니다. 『시경』에서는 '주나라가 비록 오래된 나라이지만, 그 받은 명은 새롭다.'라고 하였습니다. 이것은 문왕을 두고 한 말입니다. 그대도 힘써서 노력하면 또한 당신의 나라를 새롭게 만들 수 있을 것입니다."

등나라의 문공이 필전畢戰에게 정전법井田法에 관해 물어보게 하였다. 맹자가 말하였다. "선생의 군주께서는 앞으로 인을 실천하는 정치를 실행하려고 사람을 골라 선생을 보내셨으니, 선생께서는 반드시 힘써 노력해야 합니다. 인을 실천하는 정치는 반드시 경계를 분명하게 하는 것에서 시작합니다. 경계를 분명하게 하지 못하면 정전이 고르지 못하며, 수확하는 곡식도 공평하지 않게 됩니다. 그런 까닭에 난폭한 군주와 부패한 관리는 꼭 토지의 경계를 분명하게 하는 것에 게으름을 피웁니다. 경계를 분명하게 정리하면, 밭을 분배하고 거둘 세금을 정하는 것은 가만히 앉아서 정할 수 있습니다. 등나라가 땅은 작지만, 군자도 있고, 야인도 있습니다. 군자가 없으면 야인을 다스릴 수 없고, 야인이 없으면 군자를 먹여 살릴 수 없습니다. 교외의 농지에는 900묘에 한 공전을 두고 조법을 시행하며, 근교의 농지에서는 10분의 1을 세금으로 정하며 스스로 내도록 하십시오. 경 아래의 관리에게는 반드시 규전圭田을 갖도록 하는데, 규전은 50묘입니다. 나머지 일반 백성들에게는 25묘를 배당하는데, 그렇게 하면 굶어 죽거나, 살만한 곳을 찾아 거처를 옮겨 그 마을을 떠나는 사람이 없을 것입니다. 고을의 밭을 경작하는 것이 정전을 경작하는 것이어서, 드나들면서 서로 친밀해지고, 지키고 망을 보면서 서로 도와주며, 병이 나면 서로 의지가 되어, 백성들은 서로 친근하고 화목하게 됩니다. 사방 1리에 한 정전을 시행하는데, 한 정전은 900묘입니다. 그 가운데를 공전으로 하고, 여덟 가구가 모두 다 100묘씩을 개인적으로 경작하면서, 중앙의 공전을 함께 경작합니다. 공전의 일이 끝난 뒤에 자신의 사전을 경작하는데, 이것으로 야인을 구별하게 됩니다. 이것이 정전법의 대략적인 내용입니다. 이것을 더욱 좋은 제도로 만드는 것은 군주와 선생에게 달려 있습니다."

역자 해설

양호陽虎는 공자 생존 당시 노나라의 실권을 잡고 있던 계손씨의 가신家臣으로, 국정을 농단했던 양화陽貨를 가리킨다. 당시 노나라의 실권은 제후에게도 있지 않고, 계손씨와 같은 대부에게도 있지 않았으며, 대부의 일개 가신이 노나라의 실질적 권력을 농단하고 있었다. 공자와 양호의 관계는 『논어』「양화」 편에서 확인된다. 이 양호가 '부자가 되려면 인을 실천하지 못하고, 인을 실천하려면 부자가 될 수 없다'라고 말한 것을 맹자가 인용하였는데, 이것에 대해 주자의 경우, 본래 양호는 '부자가 되려면 인을 실천해서는 안 된다'라는 뜻으로 말한 것인데, 맹자는 그 반대의 의미, 곧 '인을 실천하려면 부자가 되기를 바라서는 안 된다'라는 의미로 바꿔서 말한 것이라고 해석하였다.

有爲神農之言者許行*, 自楚之滕, 踵門而告文公曰, "遠方之人聞君行仁政, 願受一廛而爲氓."

文公與之處.

其徒數十人, 皆衣褐, 捆屨, 織席以爲食.

陳良之徒陳相與其弟辛負耒耜而自宋之滕, 曰, "聞君行聖人之政, 是亦聖人也, 願爲聖人氓."

陳相見許行而大悅, 盡棄其學而學焉.

陳相見孟子, 道許行之言曰, "滕君則誠賢君也, 雖然, 未聞道也. 賢者與民並耕而食, 饔飧而治. 今也滕有倉廩府庫, 則是厲民而以自養也, 惡得賢?"

孟子曰, "許子必種粟而後食乎?"

曰, "然."

"許子必織布而後衣乎?"

曰, "否, 許子衣褐."

"許子冠乎?"

曰, "冠."

曰, "奚冠?"

曰, "冠素."

曰, "自織之與?"

曰, "否, 以粟易之."

曰, "許子奚爲不自織?"

曰, "害於耕."

曰, "許子以釜甑爨, 以鐵耕乎?"

曰, "然."

"自爲之與?"

曰, "否, 以粟易之."

"以粟易械器者, 不爲厲陶冶, 陶冶亦以其械器易粟者, 豈爲厲農夫哉? 且許子何不爲陶冶, 舍皆取諸其宮中而用之? 何爲紛紛然與百工交易? 何許子之不憚煩?"

曰, "百工之事固不可耕且爲也."

"然則治天下獨可耕且爲與? 有大人之事, 有小人之事. 且一人之身, 而百工之所爲備, 如必自爲而後用之, 是率天下而路也. 故曰, 或勞心, 或勞力, 勞心者治人, 勞力者治於人, 治於人者食人, 治人者食於人, 天下之通義也. 當堯之時, 天下猶未平, 洪水橫流, 氾濫於天下, 草木暢茂, 禽獸繁殖, 五穀不登, 禽獸偪人, 獸蹄鳥跡之道交於中國. 堯獨憂之, 擧舜而敷治焉. 舜使益掌火, 益烈山澤而焚之, 禽獸逃匿. 禹疏九河, 瀹濟漯而注諸海, 決汝漢, 排淮泗而注之江, 然後中國可得而食也. 當是時也, 禹八年於外, 三過其門而不入, 雖欲耕, 得乎? 后稷教民稼穡, 樹藝五穀, 五穀熟而民人育.

人之有道也, 飽食煖衣逸居而無教, 則近於禽獸. 聖人有憂之, 使契爲司徒, 教以人倫, 父子有親, 君臣有義, 夫婦有別, 長幼有序, 朋友有信. 放勳**曰, '勞之來之, 匡之直之, 輔之翼之, 使自得之, 又從而振德之.' 聖人之憂民如此, 而暇耕乎? 堯以不得舜爲己憂, 舜以不得禹皐陶爲己憂. 夫以百畝之不易爲己憂者, 農夫也. 分人以財謂之惠, 教人以善謂之忠, 爲天下得人者謂之仁. 是故以天下與人易, 爲天下得人難. 孔子曰, '大哉堯之爲君! 惟天爲大, 惟堯則之, 蕩蕩乎民無能名焉! 君哉舜也! 巍巍乎有天下而不與焉!' 堯舜之治天下, 豈無所用心哉? 亦不用於耕耳.

吾聞用夏變夷者, 未聞變於夷者也. 陳良, 楚產也, 悅周公 · 仲尼之道, 北學於中國. 北方之學者, 未能或之先也. 彼所謂豪傑之士也. 子之兄弟事之數十年, 師死而遂倍之! 昔者孔子沒, 三年之外, 門人治任將歸, 入揖於子貢, 相嚮而哭, 皆失聲, 然後歸. 子貢反, 築室於場, 獨居三年, 然後歸. 他日, 子夏 · 子張 · 子游以有若似聖人, 欲以所事孔子事之, 彊曾子. 曾子曰, '不可, 江漢以濯之, 秋陽以暴之, 皜皜乎不可尙已.' 今也南蠻鴃舌之人, 非先王之道, 子倍子之師而學之, 亦異於曾子矣. 吾聞出於幽谷遷於喬木者, 未聞下喬木而入於幽谷者. 魯頌曰, '戎狄是膺, 荊舒是懲.' 周公方且膺之, 子是之學, 亦爲不善變矣."

"從許子之道, 則市賈不貳, 國中無僞, 雖使五尺之童適市, 莫之或欺. 布帛長短同, 則賈相若, 麻縷絲絮輕重同, 則賈相若, 五穀多寡同, 則賈相若, 屨大小同, 則賈相若."

曰, "夫物之不齊, 物之情也, 或相倍蓰, 或相什伯, 或相千萬. 子比而同之, 是亂天下也. 巨屨小屨同賈, 人豈爲之哉? 從許子之道, 相率而爲僞者也, 惡能治國家?"

* 신농神農은 수인씨燧人氏·복희씨伏犧氏와 함께 삼황三皇 가운데 한 사람으로, 성姓은 강姜으로 염제炎帝라 부르기도 한다. 수인씨는 불을 사용하는 법을 발견하여, 익혀서 먹는 화식火食하는 방법을 발명하였고, 복희씨는 사냥의 기술을 만들었으며, 신농씨는 농사짓는 법을 발명한 것으로 알려져 있다. 이외에도 신농은 의료醫療와 악사樂師, 교역 등의 신이기도 하고, 또 8괘卦를 중첩해 『주역』의 64괘를 만든 것으로 알려져 있다. 허행은 농업생산에 의한 자급자족의 생활을 주장하면서, 왕을 포함한 모든 사람이 자신의 노동으로 자신의 생활을 유지해야 한다고 주장하였다.

** 방훈放勳에서 방放은 지至의 뜻이고, 훈勳은 공功의 뜻으로, 방훈은 공덕이 이르지 않은 곳이 없다는 의미로 이해된다. 공적이 큰 요堯를 지칭하며 찬미하는 말이다.

신농의 가르침을 실천하는 허행이라는 사람이 있었는데, 초나라에서 등나라로 가, 궁궐 문에 이르러 문공에게 말하였다. "먼 지방의 사람으로부터 군주께서 인을 실천하는 정치를 시행한다는 말씀을 듣고, 거처할 곳을 얻어 군주의 백성이 되려고 합니다."

문공이 이 사람에게 거처할 곳을 주니, 그 무리 수십 명이 모두가 갈옷을 입고 신을 만들거나 자리를 짜서 생활하였다.

진량의 제자인 진상이 그 동생 진신과 함께 농기구를 짊어지고 송나라에서 등나라로 가 말하였다. "군주께서 성인의 정치를 실행한다고 들었는데, 그렇게 하는 분 또한 성인이니, 성인의 백성이 되기를 원합니다."

진상이 허행을 만나보고 크게 기뻐하며, 자기가 배웠던 것을 모두 버리고 허행에게 배웠다. 진상이 맹자를 만나 허행의 가르침을 설명하며 말하였다. "등나라 군주는 진정 현명하지만, 아직 올바른 도리를 알지 못하고 있습니다. 현명한 군주는 백성과 함께 밭을 갈아서 생활하고, 식사는 직접 지어 먹으며 나라를 다스립니다. 그런데 지금 등나라에는 양식 창고와 재물 창고가 있습니다. 이것은 백성을 괴롭혀 자신을 기르는 것이니 어떻게 현명하다고 하겠습니까?"

맹자가 말하였다. "허행선생은 반드시 농사를 지어 그것으로 생활합니까?"

진상이 답하였다. "그렇습니다."

맹자가 말하였다. "허행선생은 반드시 베를 짜 옷을 만들어 입습니까?"

진상이 말하였다. "아닙니다. 허행선생은 갈옷을 입을 뿐입니다."

맹자가 다시 물으며 말하였다. "허행선생은 모자를 씁니까?"

진상이 말하였다. "모자를 씁니다."

맹자가 말하였다. "어떤 모자를 쓰는가요?"

진상이 말하였다. "흰 모자를 씁니다."

맹자가 말하였다. "자기 손으로 짜서 만듭니까?"

대답해 말하였다. "그렇지 않습니다. 곡식과 바꿔서 씁니다."

맹자가 말하였다. "허행선생은 왜 자기 손으로 만들지 않습니까?"

진상이 대답하여 말하였다. "농사를 짓는 데 방해가 됩니다."

맹자가 또 물었다. "허행선생은 가마와 시루로 음식을 만들고, 쇠 쟁기로 농사를 짓습니까?"

진상이 대답하였다. "그렇습니다."

맹자가 다시 물었다. "자기가 직접 만듭니까?"

진상이 대답하였다. "아닙니다. 곡식과 바꿉니다."

맹자가 말하였다. "곡식으로 쟁기나 그릇을 바꾸는 것이 도공과 철공을 괴롭히는 것이 아닙니다. 도공과 철공 또한 자기가 만든 쟁기나 그릇을 곡식으로 바꾸는 것이 어떻게 농부를 괴롭히는 것이 되겠습니까? 또 허자는 왜 도기나 철기를 만들지 않고, 모든 것을 자기 집안에서 가져다 쓰지도 않으며, 무엇 때문에 번거롭게 여러 장인과 물건을 바꿔서 쓰고 있습니까? 왜 허행선생은 번잡한 것을 번거로워하지 않습니까?"

진상이 답하였다. "여러 장인이 하는 일은 원래 농사를 지으면서 할 수가 없는 것입니다."

맹자가 말하였다. "그렇다면 세상을 다스리는 것은 농사를 지으면서 할 수 있다는 것입니까? 대인이 할 일이 있고, 소인이 할 일이 있습니다. 또 한 사람이 여러 장인의 기술을 모두 갖추고 있어도, 만약 반드시 자기 손으로 만든 것만을 사용하려면 이것은 세상사람 모두를 이끌고 길을 가는 것과 같습니다. 그래서 어떤 사람은 마음을 쓰고, 또 어떤 사람은 몸을 쓴다고 말하는 것입니다. 마음을 쓰는 사람은 사람들을 다스리고, 몸을 쓰는 사람은 다스려지게 됩니다. 다스려지는 사람은 식량을 생산해 사람을 먹여야 하고, 다스리는 사람은 제공되는 식량을 먹는 것이 세상에 통용되는 원리입니다. 요의 시대에는 세상이 아직 안정되지 않았습니다. 홍수가 흘러 세상에 넘쳤고, 초목이 울창하여 짐승들이 번식할 뿐, 여러 곡식은 여물지 못하였습니다. 짐승들이 사람에게 덤벼들고, 짐승의 발자국과 새의 발자국으로 만들어진 길이 나라 안에 교차해 있었습니다. 요가 혼자 이것을 근심하다가 순을 등용해 다스리게 하였습니다. 순은 익에게 불을 관리하게 하였는데, 익이 산과 늪에 불을 질러 태워 버리니, 짐승들은 도망쳐 달아났습니다. 우는 아홉 개의 강을 소통시키고, 제수와 탑수를 터서 바다로 흘러들어가게 하였으며, 여수와 한수를 트고, 회수와 사수를 돌려서 그 물을 장강으로 흘러 들어가도록 했습니다. 그렇게 한 뒤에야 나라 안이 농사를 지어 먹고 살 수 있게 되었습니다. 이때에 우가 8년 동안 외지에서 생활하며, 세 번이나 자기 집 문 앞을 지나가면서도 들어가지 못하였는데, 이런 상황에서 아무리 농사를 지으려고 해도 지을 수 있었겠습니까? 후직은 백성들에게 농사짓는 법을 가르치고, 오곡을 심어 가꾸도록 하였는데, 오곡이 여물어 백성들이 살 수 있게 되었습니다. 그런데 사람에게는 지켜야 할 도리가 있어서, 배불리 먹고 따뜻하게 입으며 편안하게 살면서 배우는 것이 없으면 짐승과 다를 것이 없습니다. 성인이 이것을 근심하여 설을 사도로 삼아 인륜을 가르치도록 하였으니, 부자父子 사이는 친밀해야 하고, 군신 사이는 의리가 있어야 하며, 부부 사이에는 분별이 있어야 하고, 연장자와 연소자 사이에는 순서가 있어야 하며, 벗들 사이에는 믿음이 있어야 한다는 것이었습니다. 방훈인 요는 '위로해 주고, 따라오게 하며, 바로 잡아 주고, 곧게 만들어 주며, 도와주고, 보좌해 줘서 스스로 얻게 하고 또 그것에서 덕을 펼치게 한다.'라고 말하였습니다. 성인이 백성을 걱정하는 것이 이와 같은데, 그런데도 농사지을 틈이 있겠습니까? 요가 순을 얻지 못할까 걱정하고 순이 우와 고요를 얻지 못할까 근심한 것처럼, 100묘의 농토가 가꿔지지 않는 것을 걱정하는 사람이 농부입니다. 다른 사람에게 재물을 나눠 주는 것을 은혜(惠)라 하고, 다른 사람에게 선을 가르치는 것을 충忠이라 하며, 세상을 위해 사람을 구해 등용하는 것을 인仁이라고 합니다. 그래서 천하를 사람에게 주기는 쉽지만, 천하를 위해 사람을 얻기는 어렵습니다. 공자는 일찍이 '위대하구나, 요여, 오직 천天만이 위대하다고 하지만, 요는 여기에 버금가니, 끝없이 넓고 넓어서 백성들이 무엇이라 이름 지을 수가 없구나. 군주로구나, 순이여! 높고 높아서 온 천하를 가지고도 조금도 관여하지 않았네.'라고 말하였습니다. 요와 순이 천하를 다스리는데 어떻게 그 마음을 쓰지 않았겠습니까만, 직접 농사짓는 것에 마음을 쓰지 않았을 뿐입니다. 나는 하나라의 것으로 오랑캐를 변화시켰다는 말은 들었지만, 아직 오랑캐에 의해 하나라가 변화되었다는 말은 듣지 못했습니다. 진량은 남쪽 초나라에서 태어났지만, 주공과 공자의 도를 기뻐하여 북쪽으로 와 중국에서 공부하였는데, 북방의 학자들이 이 사람보다 앞서지 못하니 그는 걸출한 사士라 부를 수 있습니다. 당신의 형제들은 수십 년 동안이나 진량을 섬기다가 스승이 죽으니 결국 배반하고 말았습니다. 옛날에 공자가 돌아가신 후 3년이 지나자, 그 제자들이 맡았던 일들을 정리하고 고향으로 돌아가려 할 때, 자공에게 들어가 인사하고, 서로 마주 보며 울었는데, 모두 목이 쉬어버린 후에 돌아갔습니다. 자공은 무덤가에 돌아와 집을 짓고 홀로 3년을 지낸 후에 돌아갔습니다. 그 후에 자하, 자장, 자유는 유약의 모습이 공자와 닮았다고, 공자를 섬기던 것처럼 유약을 섬기려고 하면서 증자에게도 강하게 권하자, 증자는 '그렇게 할 수는 없습니다. 공자의 모습은 장강과 한수에 깨끗이 씻어서, 가을 햇볕에 말린 것처럼, 희고 흰 것이 그것에 무엇도 더할 수 없습니다.'라고 말하였습니다. 이제 남쪽의 미개하여 왜가리 같이 지껄이는 사람이 선왕의 도를 비난하는데, 당신은 그 스승을 배반하고 그 사람에게 배우고 있으니 역시 증자와는 다릅니다. 나는 깊은 골짜기에서 나와, 높은 나무로 옮겨 간다는 말은 들었어도, 높은 나무에서 내려와 깊은 골짜기로 들어간다는 말은 듣지 못했습니다. 노나라의 시에 '서쪽의 오랑캐인 융적은 토벌하고, 남쪽의 오랑캐인 형서는 징벌한다.'라는 구절이 있습니다. 주공은 토벌한다고 하였는데 당신은 그것을 배우고 있으니, 또한 좋은 방향으로 변화한 것이 아닙니다. 허자의 가르침을 따른다면 시장의 물가는 서로 다르지 않으며, 나라 안에는 거짓이 없어서 아무리 어린아이를 시장에 보내도 속이는 일이 없게 될 것이긴 합니다. 하지만 베와 비단의 경우 길이가 같으면 그 가격도 같으며, 삼실과 명주솜의 무게가 같으면 값이 서로 같고, 오곡의 양이 같으면 그 가격도 같으며, 신발의 크기가 같으면 값도 같습니다."

맹자가 다시 말하였다. "대체로 물건의 질이 서로 같지 않은 것은 물건의 실정입니다. 이 물건의 질에 따라 그 값은 서로 두 배나 다섯 배가 되고, 혹은 서로 열 배, 백 배도 되며, 혹은 서로 천 배, 만 배의 차이가 나는데, 당신은 양만 가지고 값을 같게 하는데, 이것은 세상을 어지럽히는 것입니다. 크게 만든 신발과 작게 만든 신발의 가격이 같으면 사람들이 어떻게 그것을 만들고 있겠습니까? 허자의 가르침을 따른다면 서로를 이끌어 속이는 것인데, 어떻게 나라를 다스릴 수 있겠습니까?"

역자 해설

춘추시대와 전국시대는 제자백가가 등장해 왕성하게 활동한 시기이기도 하다. 그런데 '제자백가'라는 말이 '여러 학자와 수많은 학파'를 뜻하지만, 학파의 측면에서 보자면 사실 유가와 도가, 묵가와 법가의 네 학파 외에, 명가名家와 음양가陰陽家를 핵심으로 하고 있고, 이외에 농가農家와 종횡가縱橫家, 병가兵家, 잡가雜家, 소설가小說家 등을 더해 모두 열하나의 학파를 꼽을 수 있을 뿐이다. 이 가운데 이 절에서 등장하는 허행 등은 바로 농가에 해당하며, 이들에 대한 묘사에 따르자면, 도가의 태도와 유사한 측면이 많다고 이해할 수 있다.

유약의 모습이 공자와 닮았다고 공자를 섬기던 것처럼 유약을 섬겨야 한다는 자하, 자장, 자유와 그것에 반대하는 증자의 모습은 공자 사후 그 제자들을 묶어주던 공자라는 중심이 사라진 상황에 대한 이해와 관련된다. 공자 사후 제자들은 모두 각자의 고향으로 흩어져 돌아갈 것인가? 아니면 다시 예전과 유사한 중심, 곧 구심점을 만들 것인가? 흩어져 돌아간다면 그동안 쌓아 올린 모든 것은 허물어지고, 다시 아무것도 없던 시절로 돌아갈 것이다. 그렇다고 다시 중심을 세운다면 어떤 중심을 세울 것인가? 그런데 증자의 대답은 공자의 정신과 우상화의 갈림길에서 공자의 정신을 선택하는 것이자, 우상화에 대한 거부를 담고 있다. 유교가 다른 종교, 곧 불교나 기독교와 다른 모습을 보여주는 것이 바로 이 지점에서 시작되었다고 말할 수 있다.

墨者夷之因徐辟而求見孟子.

孟子曰,“吾固願見, 今吾尙病, 病愈, 我且往見, 夷子不來!”

他日, 又求見孟子.

孟子曰,“吾今則可以見矣. 不直, 則道不見, 我且直之. 吾聞夷子墨者, 墨之治喪也, 以薄爲其道也, 夷子思以易天下, 豈以爲非是而不貴也, 然而夷子葬其親厚, 則是以所賤事親也.”

徐子以告夷子.

夷子曰,“儒者之道, 古之人若保赤子, 此言何謂也? 之則以爲愛無差等, 施由親始.”

徐子以告孟子.

孟子曰,“夫夷子信以爲人之親其兄之子爲若親其隣之赤子乎? 彼有取爾也. 赤子匍匐將入井, 非赤子之罪也. 且天之生物也, 使之一本, 而夷子二本故也. 蓋上世嘗有不葬其親者, 其親死, 則擧而委之於壑. 他日過之, 狐狸食之, 蠅蚋姑嘬之. 其顙有泚, 睨而不視. 夫泚也, 非爲人泚, 中心達於面目, 蓋歸反虆梩而掩之. 掩之誠是也, 則孝子仁人之掩其親, 亦必有道矣.”

徐子以告夷子.

夷子憮然爲閒曰,“命之矣.”

묵자를 따르는 이지夷之가 서벽徐辟을 통해 맹자에게 만나기를 청하였다.

맹자가 말하였다. "나도 본래부터 만나보고 싶었지만, 지금은 내가 아직 병중입니다. 병이 나으면 내가 가서 만날 것이니, 이지가 만나러 올 것까지는 없습니다."

뒷날 다시 맹자에게 만나기를 청해 왔다.

맹자가 말하였다. "내가 지금은 만나볼 수 있습니다. 직접 말하지 않으면, 도가 드러나지 않을 것이니 이제 내가 직접 말할 것입니다. 내가 듣건대 이지는 묵자를 따르는 사람이고, 묵자는 장례를 검소하고 소박하게 치르는 것이 올바른 도리라고 말합니다. 이지는 그런 방식으로 세상의 풍속을 바꾸려고 하는데, 그가 그렇게 하는 것을 어떻게 옳지 않다고 생각해서 존중하지 않겠습니까? 그런데 이지는 자기 부모의 장례를 사치스럽게 치렀으니, 이것은 자기가 천하게 생각하는 것으로 부모를 섬긴 것입니다."

서벽이 이 말을 이지에게 전하였다.

이지가 말하였다. "유자의 도에 옛날 사람이 '어린아이를 보살피는 것처럼 한다.'라고 하였는데, 이 말이 무엇을 뜻하겠습니까? 나는 그것이 사랑에는 차등이 없고, 사랑을 베푸는 것은 부모로부터 시작한다는 뜻이라 생각합니다."

서벽이 이 말을 맹자에게 전하였다.

맹자가 말하였다. "이지는 진정 사람들이 그 형의 아들을 사랑하는 것이 그 이웃 사람의 어린아이를 사랑하는 것과 같다고 생각하는 것입니까? '어린아이를 보살피는 것처럼 한다.'라는 그 말은 사랑에 차등이 없다는 것이 아니라 다른 취하고자 하는 의미가 있습니다. 어린아이가 기어 우물 속에 빠져들어 가려 하는 것이 어린아이의 죄가 아닌 것처럼, 죄 없는 백성들을 그 아이 보살피듯 하라는 것입니다. 또 천天이 만물을 낼 때 하나의 원칙을 따르도록 하였는데, 이지는 서로 모순되는 두 가지 원칙을 따르고 있습니다. 먼 옛날 자기 부모를 매장하지 않는 사람이 있었는데, 그 부모가 죽자 그 시신을 들어다가 골짜기에 버렸습니다. 그 뒤에 그곳을 지나가는데 그 시신을 여우와 삵이 뜯어 먹고, 파리와 모기떼가 빨아먹고 있자, 이마에 진땀을 흘리면서, 눈으로는 흘겨볼 뿐 똑바로 바라보지 못하였습니다. 다른 사람 때문에 땀이 나는 것이 아니라, 속마음이 얼굴에 드러난 것입니다. 그래서 돌아와 삼태기를 가지고 가 흙으로 덮었습니다. 흙으로 덮은 것이 진정 옳은 것이라면, 효자나 인을 실천하는 사람이 그 부모를 흙으로 덮는 데에도 반드시 방법이 있어야 합니다."

서벽이 이지에게 맹자의 말을 전하였다.

이지가 멍하니 한참 있다가 말하였다. "선생께서 나에게 가르침을 주시는군요."

역자 해설

이지夷之는 묵가墨家의 인물이었다. 춘추나 전국시대와 같은 혼란한 세상의 원인을 묵가에서는 사람들이 서로 차별 없이 사랑하지 않기 때문이라고 생각하고, 세상의 사람들이 '서로 차별 없이 사랑(兼相愛)'하면 세상은 평화로워질 것이라 주장하였다. 현실에서 사람들은 차별 없이 사랑하는 대신, 사랑에 차등을 두었고, 결국 이와 같은 차별적이고 차등적인 사랑이 세상을 혼란하게 만드는 원인이라고 생각한 것이다. '차별 없이(兼)' 사랑하며, '서로를 이롭게 하는 것(交相利)'은 묵가의 가장 기본적인 주장이다. 그리고 이와 같은 '겸상애'와 '교상리'의 기초 위에서 묵가는 침략전쟁에 반대(非攻)하거나, 예의를 중시하는 유가에 대해 절장節葬이나 절용節用 등을 통해 비판하는 태도를 보여주었다. 하지만 부모의 장례를 사치스럽게 치렀다는 점에서 이지의 행동은 그의 주장과 일치하지 않았고, 이 점에서 보자면, 맹자가 왜 만나는 것을 완곡하게 거절하게 되었는지를 이해할 수 있다. 묵자의 가르침 자체도 맹자에게는 잘못된 것인데, 그 잘못된 가르침조차도 언행이 불일치하게 실천하는 인물을 굳이 만나볼 이유가 없었던 것이다.

06. 등문공장구滕文公章句 하下

첫 번째

1

孟子曰, "昔齊景公田, 招虞人以旌, 不至, 將殺之. 志士不忘在溝壑, 勇士不忘喪其元. 孔子奚取焉? 取非其招不往也, 如不待其招而往, 何哉? 且夫枉尺而直尋者, 以利言也. 如以利, 則枉尋直尺而利, 亦可爲與? 昔者趙簡子使王良與嬖奚乘, 終日而不獲一禽. 嬖奚反命曰, '天下之賤工也.' 或以告王良. 良曰, '請復之.' 彊而後可, 一朝而獲十禽. 嬖奚反命曰, '天下之良工也.' 簡子曰, '我使掌與女乘.' 謂王良. 良不可, 曰, '吾爲之範我馳驅, 終日不獲一. 爲之詭遇, 一朝而獲十. 詩云, 不失其馳, 舍矢如破. "我不貫與小人乘, 請辭.' 御者且羞與射者比. 比而得禽獸, 雖若丘陵, 弗爲也. 如枉道而從彼, 何也? 且子過矣, 枉己者, 未有能直人者也."

진대陳代가 말하였다. "제후諸侯를 만나지 않으시는 것은 작은 지조를 지키는 것에 불과한 것 같습니다. 이제 한 번 만나신다면 크게는 그를 진정한 왕으로 작게는 패자로 만들 수 있을 것입니다. 옛 기록에 '한 자를 굽혀 여덟 자를 곧게 한다.'라는 말도 있는데, 그렇게 해도 될 것 같습니다."

맹자가 말하였다. "옛날 제齊나라의 경공景公이 사냥을 하러 갔을 때, 대부大夫를 부르는 깃발로 사냥터를 관리하는 우인虞人을 불렀는데 그가 오지 않자 죽이려고 하였다네. 공자는 우인을 칭찬하며, '지사志士는 죽어서 골짜기에 버려질 수도 있다는 것을 잊지 않고, 용사勇士는 목숨을 잃을 수 있다는 것을 잊지 않는다.'라고 하셨는데, 공자는 그 우인의 어떤 점을 높이 산 것인가? 정당한 방법으로 부르는 것이 아니라면, 불러도 가지 않은 것에 주목한 것이라네. 그런데 내가 어떻게 정당한 방법으로 부르는 것을 기다리지 않고 찾아가 만날 수 있겠는가? 또 '한 자를 굽혀 여덟 자를 곧게 한다.'는 것은 이익만을 가지고 말한 것이니, 만일 이익을 가지고 말한다면, 여덟 자를 굽혀서 한 자를 펴더라도 이롭기만 하다면 또한 하겠는가? 옛날 진晉나라 대부 조간자趙簡子가 마차를 잘 모는 왕량王良에게 폐해嬖奚의 마차를 몰아 사냥하도록 하였는데, 종일 한 마리의 새도 잡지 못하였다네. 폐해가 돌아와서 '왕량은 세상에 쓸모없는 마부입니다.'라고 보고하였네. 어떤 사람이 이 말을 왕량에게 전하자, 왕량이 조간자에게 다시 한번 사냥할 것을 부탁하여 힘들게 승낙을 얻었는데, 이번에는 하루아침에 열 마리의 새를 잡았다네. 그러자 폐해가 돌아와 '왕량은 세상에서 가장 훌륭한 마부입니다.'라고 보고하였다네. 조간자가 '내 그를 그대의 마차 모는 일에 전담하도록 하겠습니다.'라고 말한 후에 왕량에게 말하였네. 그러자 왕량은 그 일을 하려고 하지 않으면서 '제가 그를 위해 법도에 맞게 말을 몰았더니 종일 한 마리의 새도 잡지 못하다가, 그를 위해 법도에 맞지 않게 마차를 몰아 짐승을 만나게 하였더니 하루아침에 열 마리의 짐승을 잡았습니다. 『시경』「거공車攻」에 '마부가 마차 모는 법도를 잃지 않아서, 화살을 쏘니 깨뜨리듯 명중한다.'라고 하였습니다. 저는 소인배가 탄 마차를 모는 것은 익숙하지 않습니다. 사양하겠습니다.'라고 말하였네. 마부조차도 활 쏘는 사람에게 아부하는 것이 부끄러워, 아부하면 짐승과 새를 산더미처럼 잡을 수 있어도 그렇게 하지 않았는데, 어떻게 법도를 저버리고 제후를 따르겠는가? 또 하나 자네의 생각이 잘못되었는데, 자신을 굽힌 사람이 남을 바르게 한 경우는 없었다네."

역자 해설

우인虞人은 사냥터를 관리하는 사람이다. 『좌전』의 소공 25년 12월조에서는 "패沛에서 사냥을 하다가 활을 가지고 우인을 오라고 불렀는데, 오지 않았다. 불렀는데 오지 않은 우인을 잡아오도록 하였는데, 잡혀온 우인이 '이전에 우리 돌아가신 군주께서 사냥하실 때에는, 정旌으로 대부大夫를 부르시고, 활로 사士를 부르시며, 피관皮冠으로 우인을 부르셨습니다. 저는 피관으로 부르지 않았으므로 감히 좇아오지 못하였습니다.'라고 말하였다."라는 기록이 있다. 대부를 부르는 정은 새의 깃털로 장식한 깃발을 가리키고, 피관은 가죽으로 만든 모자를 뜻한다. 직위나 직책에 따라 군주가 예에 맞게 부르는 방법이 있다는 것을 뜻한다.

두 번째

2

景春曰, "公孫衍·張儀豈不誠大丈夫哉? 一怒而諸侯懼, 安居而天下熄."

孟子曰, "是焉得爲大丈夫乎? 子未學禮乎? 丈夫之冠也, 父命之. 女子之嫁也, 母命之, 往送之門, 戒之曰, '往之女家, 必敬必戒, 無違夫子!' 以順爲正者, 妾婦之道也. 居天下之廣居, 立天下之正位, 行天下之大道. 得志與民由之, 不得志獨行其道. 富貴不能淫, 貧賤不能移, 威武不能屈. 此之謂大丈夫."

경춘景春이 말하였다. "공손연公孫衍과 장의張儀는 진정 대장부大丈夫가 아니겠습니까? 그들이 한 번 노하면 제후들이 두려워하고, 조용히 있으면 천하가 잠잠합니다."

맹자가 말하였다. "그들을 어떻게 대장부라 할 수 있겠습니까? 그대는 예禮를 배우지 않았습니까? 남자가 관례冠禮를 행할 때는 아버지가 가르치고, 여자가 시집갈 때는 어머니가 가르치는데, 어머니가 문에서 전송하며, '너의 시집에 가거든 반드시 공경하고, 꼭 조심해서 남편의 뜻을 어기지 말라.'라고 말합니다. 순종順從을 올바른 길로 삼는 것은 부녀자의 도리일 뿐입니다. (공손연과 장의는 제후의 뜻에 순종할 뿐인, 부녀자의 도리를 따르는 사람일 뿐입니다.) 천하라는 넓은 집에 거처하며, 천하의 올바른 자리에 서서, 천하의 큰 도道를 실천하며, 뜻을 이루면 백성과 함께하고, 뜻을 이루지 못하면 홀로 그 도를 실천하는데, 부귀富貴는 그 사람의 마음을 어지럽히지 못하며, 빈천貧賤도 그 지조를 바꾸지 못하고, 무력 앞에서도 지조를 굽히지 않는, 그런 사람을 대장부라 하는 것입니다."

역자 해설

전국시대 후기로 접어들면서, 작은 제후국들 대부분은 7개 제후국으로 통합되었는데, 이 7개 제후국이 바로 진·초·제·연·한·위·조의 전국칠웅이다. 그 가운데 진秦나라가 점차 국력을 키워 다른 여러 제후국을 압도해 가며 동쪽으로 진출하기 시작하자, 이 진의 동진東進을 막기 위한 나머지 6개 제후국의 연합을 합종合從이라 하고, 이 합종을 깨기 위한 진의 외교적 노력은 연횡連橫의 형태로 나타났다. 처음 합종의 연합을 성공적으로 형성시킨 인물이 공손연이었다면, 이 합종을 깨뜨릴 연횡을 제시한 인물이 바로 장의였다. 공손연과 장의는 모두 위나라 사람으로, 전국시대 후기 합종과 연횡, 곧 종횡가의 대표적 인물이었다. 맹자가 이들을 순종이라는 부녀자의 도리를 따르는 사람일 뿐이라고 비판한 것은, 그들이 주장한 합종과 연횡이 비록 세상을 움직이지만, 도의道義에 기초한 것이 아니라, 자신이 섬기는 군주의 명령에 순종해서 나온 것일 뿐이라 생각했기 때문이다.

세 번째

3

周霄問曰, "古之君子仕乎?"

孟子曰, "仕. 傳曰, '孔子三月無君, 則皇皇如也, 出疆必載質.' 公明儀曰, '古之人三月無君則弔.'"

"三月無君則弔, 不以急乎?"

曰, "士之失位也, 猶諸侯之失國家也. 禮曰, '諸侯耕助, 以供粢盛. 夫人蠶繅, 以爲衣服. 犧牲不成, 粢盛不潔, 衣服不備, 不敢以祭. 惟士無田, 則亦不祭.' 牲殺器皿衣服不備, 不敢以祭, 則不敢以宴, 亦不足弔乎?"

"出疆必載質, 何也?"

曰, "士之仕也, 猶農夫之耕也, 農夫豈爲出疆舍其耒耜哉?"

曰, "晉國亦仕國也*, 未嘗聞仕如此其急. 仕如此其急也, 君子之難仕, 何也?"

曰, "丈失生而願爲之有室, 女子生而願爲之有家. 父母之心, 人皆有之. 不待父母之命 · 媒妁之言, 鑽穴隙相窺, 踰牆相從, 則父母國人皆賤之. 古之人未嘗不欲仕也, 又惡不由其道. 不由其道而往者, 與鑽穴隙之類也."

* 여기서 진晉나라는 실제로는 위魏나라를 가리킨다. 춘추시대의 진晉나라는 대부였던 위사魏斯, 한건韓虔, 조적趙籍에 의해서 한韓·위魏·조趙 세 나라로 기원전 453년에 나누어지고, 50년이 지난 기원전 403년에는 마침내 주나라 왕실로부터 공인되었는데, 이 사건이 흔히 춘추시대와 전국시대를 구분하는 기준이 되었다. 그런데 이렇게 나라가 나누어진 후에도 사람들은 습관적으로 옛 국명을 사용한 것이다.

주소周霄가 물었다. "옛날의 군자도 벼슬살이했습니까?"

맹자가 답하였다. "벼슬살이했습니다. 전해 오는 글에 '공자는 3개월이 지나도록 군주에게 임용되지 않았을 때, 조급해하며 불안해했고, 한 나라를 떠나 국경을 넘어갈 때는 반드시 그 나라 군주를 만났을 때 쓸 예물을 준비했다.'라고 하였으며, 공명의公明儀는 '옛사람은 3개월이 지나도록 군주가 임용하지 않으면 찾아가 위로했다.'라고 하였습니다."

주소가 다시 물었다. "겨우 3개월이 지났을 뿐인데, 섬기는 군주가 없다고 찾아가 위로하는 것은 너무 조급하지 않습니까?"

맹자가 답하였다. "사士가 벼슬자리를 잃는 것은 제후가 나라를 잃는 것과 같습니다. 예禮에 '제후가 밭을 경작하여 제사 음식을 장만하고, 제후의 부인은 누에를 치고 실을 뽑아 제사에 쓰는 의복을 만드는데, 희생犧牲으로 쓸 가축이 자라지 않고, 제사 음식이 정결하지 못하며, 의복이 준비되지 않으면 제사를 지내지 못한다. 사士도 농사지을 밭이 없으면 제사 지내지 못한다.'라고 하였습니다. 희생 제물과 그릇, 의복이 갖추어지지 않으면 제사를 지내지 못하고, 제사 뒤의 연회도 열지 못하는데, 위로할 만하지 않습니까?"

주소가 다시 물었다. "국경을 넘어갈 때, 반드시 예물을 싣고 가는 것은 무엇 때문입니까?"

맹자가 답하였다. "사士가 벼슬살이하는 것은 농부가 밭을 가는 것과 같으니, 농부가 국경을 넘어간다고 해서 쟁기나 보습과 같은 농기구를 버리고 가겠습니까?"

주소가 말하였다. "우리 진晉나라도 벼슬할 만한 나라이지만, 벼슬하는 것이 이렇게 급하다는 말은 들어보지 못했습니다. 벼슬하는 것이 이렇게 급하다면서, 군자가 가볍게 벼슬살이를 하지 않는 것은 또 무슨 까닭입니까?"

"사내가 태어나면 부모는 그가 아내를 얻게 되기를 바라고, 딸이 태어나면 부모는 그가 남편을 얻게 되기를 바랍니다. 이와 같은 부모의 마음은 사람이라면 모두 가지고 있습니다. 하지만 부모의 허락이나 중매쟁이의 소개를 기다리지 않고, 벽에 구멍을 뚫어 서로 엿보며, 담장을 넘어가 서로 만난다면, 부모뿐만 아니라 나라 안의 사람들이 모두 천하게 여길 것입니다. 옛사람들이 벼슬하고 싶어 하지 않은 것은 아니었지만, 또 정도正道를 따르지 않는 것을 싫어하였습니다. 정도를 따르지 않고 벼슬자리를 찾아가는 것은, 벽에 구멍을 뚫어 서로 엿보는 것과 같은 짓입니다."

역자 해설

일반적으로 이상사회는 세 가지 요소, 즉 현실의 불만을 해결하는 방법, 이상사회의 시간적 설정 위치, 이상사회를 실현하는 주체를 기준으로 코케인Cockaigne, 아르카디아Arkadia, 천년왕국millennium, 그리고 유토피아Utopia의 네 가지 유형으로 분류할 수 있다.(김영한 · 임지현 편, 『서양의 지적 운동 I』, 서울: 지식산업사, 2004, 8쪽 참조)

현실불만 즉 인간의 욕구를 충족하는 방법에 있어서 코케인과 아르카디아가 자연적인 조건에 의지한다면, 천년왕국은 신의 섭리(혹은 신과 닮은 모습으로 인간의 질적 변화)에 의지해서 이루지는 것이고, 유토피아는 정치 · 사회적인 제도를 통해 인간의 욕구를 통제하거나 조절하는 방식을 보여준다. 이상사회를 설정하는 시간적 위치에서 본다면 코케인은 먼 과거에, 아르카디아는 영원한 현재에, 천년왕국과 유토피아는 시간상으로 미래에 있다. 이상사회를 실현하는 주체 역시 코케인과 아르카디아는 자연이고, 천년왕국이 신이라면, 유토피아는 인간 자신이다.

이상사회를 구성하는 사유의 토대에 따라 이것을 다시 분류한다면, 이상사회는 더욱 단순하게 세 가지 유형으로 구분할 수 있다. 즉 코케인과 아르카디아는 현실의 고통을 감성적으로 대변하며 현실을 위로하고 있다는 점에서 감성적 이상사회라면, 천년왕국은 종교를 그 사유의 토대로 삼고 있으므로 종교적 이상사회로 분류할 수 있고, 유토피아는 정치·사회적 사유를 토대로 하고 있으므로 정치적 이상사회라 부를 수 있다.

감성적 이상사회는 인간의 감성적 감수성에 의존하여 '나쁜 것이 없고 좋은 것만이 있는' 사회나 삶의 모습을 그려낸 것이다. 이것은 일반적으로 '나쁜 것'이 무엇이고 '좋은 것'은 무엇인지, 혹은 그러한 사회의 실현 가능성이나 방법 등과 같은 근원적인 문제에 대해 깊은 성찰 없이 제기된 것이다. 이론체계라기보다는 고통으로 가득한 현실을 위로하는 이야기에 가깝지만, 한편으로는 새로운 상상력의 원천으로 작용한다. 반면 종교적 이상사회는 종교적 권위 아래에서 제시된 것으로, 종교적인 실천을 독려하려는 의도를 강하게 가진다. 그리고 정치적 이상사회는 앞의 두 형태와 달리 이상사회와 관련된 다양한 논의를 통해 형성된다. 즉 이상사회는 인간 삶의 이상과 깊이 관련되어 있으므로, 인간의 조건과 그 삶의 이상이 무엇인지, 그것을 실현하는 토대는 무엇인지, 어떤 방법으로 그것을 실현할 수 있는지 등이 핵심적인 논의에 포함된다.

맹자를 비롯한 유가에서 사士 계층이 적극적으로 벼슬살이를 추구하고 긍정하는 것은 유가의 이상사회가 유토피아와 같은 정치적 이상사회이기 때문이다. 현실의 문제 상황이나 만족스럽지 않은 상황을 정치적 방법으로 해결하고, 또 그렇게 해결하는 사람이 바로 사 계층 자신이라는 의식은 이들을 적극적으로 정치적 활동에 참여하게 만들었다. 유학이 강하게 뿌리내린 중국이나 조선에서 과거제도가 왜 그렇게 강한 영향력을 행사할 수 있었는지, 조선의 사대부들은 왜 그렇게 과거시험을 통해 관직에 진출하고자 했는지를 이와 같은 측면에서도 이해할 수 있다.

네 번째 4

彭更問曰, "後車數十乘, 從者數百人, 以傳食於諸侯, 不以泰乎?"

孟子曰, "非其道, 則一簞食不可受於人. 如其道, 則舜受堯之天下, 不以爲泰, 子以爲泰乎?"

曰, "否. 士無事而食, 不可也."

曰, "子不通功易事, 以羨補不足, 則農有餘粟, 女有餘布. 子如通之, 則梓匠輪輿皆得食於子. 於此有人焉, 入則孝, 出則悌, 守先王之道, 以待後之學者, 而不得食於子. 子何尊梓匠輪輿而輕爲仁義者哉?"

曰, "梓匠輪輿, 其志將以求食也. 君子之爲道也, 其志亦將以求食與?"

曰, "子何以其志爲哉? 其有功於子, 可食而食之矣. 且子食志乎? 食功乎?"

曰, "食志."

曰, "有人於此, 毁瓦畫墁, 其志將以求食也, 則子食之乎?"

曰, "否."

曰, "然則子非食志也, 食功也."

팽경彭更이 물었다. "수레 수십 대를 뒤따르게 하면서, 수행하는 수백 명의 사람과 함께, 제후들을 찾아다니며 밥을 얻어먹는 것은 너무 지나친 것이 아닙니까?"

맹자가 말하였다. "정당한 도리가 아니라면 한 그릇의 밥이라도 남에게 얻어먹어서는 안 되지만, 만일 정당한 도리라면 순舜이 요堯의 천하를 받은 것도 지나치다고 하지 않는데, 자네는 겨우 이것을 지나치다고 생각하는가?"

"그런 뜻이 아닙니다. 사士가 하는 일 없이 밥을 얻어먹는 것이 불가하다는 것입니다."

"자네가 만약 각 사람의 생산물을 서로 유통하고 각 영역의 일을 바꿔 분업해서, 남는 것을 가지고 부족한 것을 보충하지 않는다면, 농부에게는 남아서 버리는 곡식이 있을 것이고, 여자에게는 남아서 버리는 베가 있을 것이네. 그러나 자네가 만약 이것을 유통한다면, 목수들과 수레 만드는 사람들이 모두 자네 덕분에 먹을 것을 얻을 수 있을 것이네. 여기에 어떤 사람이 있는데, 집에서는 부모에게 효도하고, 밖에 나가면 어른을 공경하며, 앞선 진정한 왕들의 도를 지키면서 후세의 학자를 기다리지만, 자네의 논리를 따른다면 밥을 얻어먹지 못할 것이네. 자네는 왜 목수들과 수레 만드는 사람들은 존중하면서, 인의仁義를 실천하는 사士를 경시하는가?"

"목수들과 수레 만드는 사람들이 그 일을 하는 뜻은 본래 먹을 것을 구하는 것이지만, 군자가 도를 행하는 것 역시 그 뜻이 먹을 것을 구하는 것에 있습니까?"

"자네는 여기서 왜 그 뜻을 따지는가? 어떤 사람이 자네에게 공적이 있어서 먹을 것을 줄만하면 먹을 것을 주는 것이네. 그런데 자네는 그 사람이 가지고 있는 뜻을 따져서 먹을 것을 주는가? 아니면 그 사람의 공적을 살펴 먹을 것을 주는가?"

"저는 그래도 뜻을 따져서 먹을 것을 주겠습니다."

"여기에 어떤 사람이 있는데, 멀쩡한 지붕의 기왓장을 깨버리고, 담벼락에는 함부로 낙서해놓았는데, 그 사람의 뜻이 먹을 것을 구하는 것이라면, 자네는 그에게 먹을 것을 주겠는가?"

팽경이 답하였다. "아닙니다."

맹자가 말하였다. "그러면 자네는 뜻을 따져서 먹을 것을 주는 것이 아니라, 공적을 따져서 먹을 것을 주는 것이네."

역자 해설

팽경은 맹자의 제자였다. 그런데 그가 스승 맹자에게 던진 질문은 날카롭다. 무엇인가 생산적인 일을 하지 않으면서, '수레 수십 대를 뒤따르게 하고, 수행하는 수백 명의 사람과 함께 제후들을 찾아다니며 밥을 얻어먹는 것'과 같이 지나친 대접을 받는 것에 대한 문제 제기이기도 했다. 다만 팽경의 문제 제기에 답하는 맹자의 태도에서는 사士의 자부심과 사명감이 가득하다.

다섯 번째

5

萬章問曰, "宋, 小國也. 今將行王政, 齊楚惡而伐之, 則如之何?"

孟子曰, "湯居亳, 與葛爲鄰, 葛伯放而不祀. 湯使人問之曰, '何爲不祀?' 曰, '無以供犧牲也.' 湯使遺之牛羊. 葛伯食之, 又不以祀. 湯又使人問之曰, '何爲不祀?' 曰, '無以供粢盛也.' 湯使亳衆往爲之耕, 老弱饋食. 葛伯率其民, 要其有酒食黍稻者奪之, 不授者殺之. 有童子以黍肉餉, 殺而奪之. 書曰, '葛伯仇餉.' 此之謂也. 爲其殺是童子而征之, 四海之內皆曰, '非富天下也, 爲匹夫匹婦復讎也.' '湯始征, 自葛載', 十一征而無敵於天下. 東面而征, 西夷怨. 南面而征, 北狄怨, 曰, '奚爲後我?' 民之望之, 若大旱之望雨也. 歸市者弗止, 芸者不變, 誅其君, 弔其民, 如時雨降. 民大悅. 書曰, '徯我后, 后來其無罰.' '有攸不惟臣, 東征, 綏厥士女, 匪厥玄黃, 紹我周王見休, 惟臣附于大邑周.' 其君子實玄黃于匪以迎其君子, 其小人簞食壺漿以迎其小人, 救民於水火之中, 取其殘而已矣. 太誓曰, '我武惟揚, 侵于之疆, 則取于殘, 殺伐用張, 于湯有光.' 不行王政云爾, 苟行王政, 四海之內皆擧首而望之, 欲以爲君. 齊楚雖大, 何畏焉?"

만장萬章이 물었다. "송宋나라는 작은 나라입니다. 이제 진정한 왕의 정치를 실행하려는데, 제齊나라와 초楚나라가 그것을 싫어해 공격해 오면 어떻게 합니까?"

맹자가 말하였다. "탕湯이 박亳에 살 때, 갈葛나라와 이웃이었는데, 갈나라 군주가 방탕하여 제사를 지내지 않았다네. 탕이 사람을 보내 '무엇 때문에 제사를 지내지 않는가?'라고 묻자, 갈나라 군주는 '제사에 쓸 희생犧牲이 없기 때문입니다.'라고 대답하였네. 그래서 탕이 소와 양을 보내주었는데, 갈나라 군주가 이것을 잡아먹고는 또 제사를 지내지 않았네. 탕이 다시 사람을 시켜 '무엇 때문에 제사를 지내지 않는가?'라고 묻자, 갈나라 군주는 '제사에 쓸 곡식이 없기 때문입니다.'라고 답하였네. 탕은 박읍의 백성들에게 갈나라에 가서 밭을 갈아주도록 하고, 노약자들에게는 밭을 가는 사람들에게 밥을 날라 주게 하였네. 그런데 갈나라 군주가 자기 백성을 거느리고 가서 술과 밥을 날라 온 사람들을 가로막아 그 음식을 빼앗고, 순순히 주지 않는 사람을 죽였네. 한 아이가 기장밥과 고기를 날랐는데, 갈나라 군주가 그 아이를 죽이고 가진 것을 빼앗았네. 『서경』에 '갈나라 군주는 들밥을 날라 온 사람을 원수로 여겼다.'라고 하였는데, 바로 이것을 두고 말한 것이네. 갈나라 군주가 이 어린아이를 죽였기 때문에 탕은 갈나라를 정벌하였는데, 온 세상 사람들이 모두 '탕이 세상의 재물에 탐이 난 것이 아니라, 백성들을 위해 복수復讐한 것이다.'라고 하였네. 탕이 첫 번째 정벌을 갈나라에서 시작해 11번이나 출정하였는데, 세상에 대적할 상대가 없었네. 동쪽을 정벌하면 서쪽 오랑캐가 원망하였고, 남쪽을 정벌하면 북쪽 오랑캐가 원망하며 '왜 우리를 나중에 정벌하시는가?'라고 하였네. 탕이 정벌해 주기를 바라는 백성들의 마음은 큰 가뭄에 단비를 바라는 것 같았다네. 전쟁 중인데도 시장에 가는 사람들의 발걸음이 멈추지 않았고, 밭을 가는 사람들은 동요하거나 피난하지도 않았네. 탕이 포악한 군주를 죽여 백성들을 위로하니, 마치 단비가 내리는 것 같아 백성들은 크게 기뻐하였네. 『서경』에 '우리 군주를 기다리니, 우리 군주가 오시면 우리는 이제 벌을 받지 않는다'라고 하였고, 또 '복종하지 않는 사람이 있어, 동쪽을 정벌하고 그곳의 남녀 백성들을 편안하게 하였는데, 남녀 백성들이 검은 비단과 황색 비단을 광주리에 담아 가지고 와서, 우리 주나라의 왕을 만나 뵈며, 위대한 주나라에 신하로 예속되기를 청했다.'라고 하였네. 그곳의 군자들은 검은색 비단과 황색 비단을 광주리에 담아 가지고 와서 주나라의 군자들을 맞이하였고, 그 곳의 백성들은 대그릇에 밥을 담고 병에 음료를 담아 가지고 와서 주나라의 백성들을 맞이하였으니, 이것은 백성을 물과 불같은 재난에서 구하고, 잔학한 군주를 벌했기 때문이라네. 『서경』에 '우리의 위엄을 떨쳐 저 폭군暴君의 땅으로 쳐들어가 잔학한 자를 제거하였으니, 그 정벌한 공이 크게 드러났는데, 탕보다 더욱 빛이 난다.'라고 하였네. 왕의 정치를 실행하지 않는 것이 문제이지, 진정 왕의 정치를 실행한다면, 온 세상 사람들이 모두 머리를 들고 그가 오기를 바라며, 군주로 삼고자 할 것인데, 제나라와 초나라가 비록 크다지만, 무엇을 두려워하겠는가?"

역자 해설

송宋나라는 주周의 무왕武王이 상商나라 마지막 왕인 주紂의 서형庶兄 미자계微子啓에게 상나라 유민을 통치하도록 분봉한 제후국이었다. 하지만 춘추시대에 제나라 평공에 의해 멸망했다가, 전국시대에 언偃이 동쪽의 제나라, 남쪽의 초나라, 서쪽의 위나라와 전쟁을 벌여, 옛 땅을 다시 회복하고 자립했지만, 작은 나라에 불과했다. 결국, 기원전 286년에 제, 위, 초의 세 나라에 멸망하였는데, 맹자는 송나라 언왕을 찾아가 만나기도 하였다.

孟子謂戴不勝曰,* "子欲子之王之善與? 我明告子. 有楚大夫於此, 欲其子之齊語也, 則使齊人傅諸? 使楚人傅諸?"

曰, "使齊人傅之."

曰, "一齊人傅之, 衆楚人咻之, 雖日撻而求其齊也, 不可得矣. 引而置之莊嶽之間數年, 雖日撻而求其楚, 亦不可得矣. 子謂薛居州, 善士也. 使之居於王所. 在於王所者, 長幼卑尊, 皆薛居州也, 王誰與爲不善? 在王所者, 長幼卑尊, 皆非薛居州也, 王誰與爲善? 一薛居州, 獨如宋王何?"

* 대불승戴不勝은 송나라의 대부로, 아래 8장에서 등장하는 영지盈之와 같은 인물로 보기도 한다. 설거주薛居州는 그가 왕을 선한 길로 인도하기 위해 천거한 인물이다.

맹자가 대불승戴不勝에게 말하였다. "그대는 그대의 왕이 선해지기를 바라고 있습니까? 내 그대에게 분명히 말해주겠습니다. 여기에 초楚나라 대부大夫가 있는데, 그 아들이 제齊나라 말을 배우길 원한다면, 제나라 사람에게 아들을 가르치도록 하겠습니까? 초나라 사람에게 아들을 가르치도록 하겠습니까?"

대불승이 대답하였다. "제나라 사람을 찾아 가르치도록 할 것입니다."

맹자가 다시 말하였다. "한 명의 제나라 사람이 제나라 말을 가르치고 있는데, 여러 명의 초나라 사람이 초나라 말로 떠든다면, 날마다 종아리를 때리면서 제나라 말을 하도록 윽박질러도 제나라 말을 배울 수 없을 것입니다. 그러나 그를 제나라의 장악莊嶽 거리에 여러 해 동안 살도록 한다면, 날마다 종아리를 때리면서 초나라 말을 하라고 윽박지르더라도 그렇게 할 수 없을 것입니다. 그대는 설거주薛居州를 선한 사士라고 생각해, 그를 왕궁에 거처하게 하였는데, 왕궁에 거처하는 사람이 나이가 많든 적든, 지위가 높든 낮든 모두 설거주와 같이 선한 사람이라면, 왕이 누구와 함께 선하지 않은 짓을 하겠습니까? 왕궁에 거처하는 사람이 나이가 많든 적든, 지위가 높든 낮든 모두 설거주와 같은 선한 사람이 아니라면, 왕이 누구와 함께 선한 일을 하겠습니까? 설거주 한 사람이 혼자서 송나라 왕을 어떻게 할 수 있겠습니까?"

일곱 번째

7

公孫丑問曰, "不見諸侯, 何義?"

孟子曰, "古者不爲臣不見. 段干木踰垣而辟之, 泄柳閉門而不內, 是皆已甚. 迫, 斯可以見矣. 陽貨欲見孔子而惡無禮, 大夫有賜於士, 不得受於其家, 則往拜其門. 陽貨矙孔子之亡也, 而饋孔子蒸豚. 孔子亦矙其亡也, 而往拜之.* 當是時, 陽貨先, 豈得不見? 曾子曰, '脅肩諂笑, 病于夏畦.' 子路曰, '未同而言, 觀其色赧赧然, 非由之所知也.' 由是觀之, 則君子之所養可知已矣."

* 양화가 공자를 만나기 위해 삶은 돼지고기를 공자가 집에 없을 때에 보내자, 공자 역시 그가 집에 없는 사이에 찾아가 사례한 일은 『논어』「양화」 편에 기록되어 있다.

공손추公孫丑가 물었다. "제후를 찾아가 만나지 않는 것은 무슨 이유 때문입니까?"

맹자가 말하였다. "옛날에는 그 신하가 되려는 것이 아니라면 제후를 만나지 않았네. 단간목段干木은 위魏나라 문후文侯가 만나러 오자 담을 넘어가 피하였고, 설류泄柳는 노魯나라 목공繆公이 만나러 오자 문을 닫고 맞아들이지 않았네. 이것은 모두 지나친 행동인데, 피할 수 없이 마주친다면 만나볼 수는 있을 것이네. 양화陽貨는 공자孔子를 만나고 싶었지만, 무례無禮하게 보이는 것도 싫었네. 당시 대부大夫가 사士에게 선물을 보냈을 때, 사士가 집에서 그 선물을 직접 받지 못했으면, 다시 대부의 집에 찾아가 사의를 표해야 했네. 그래서 양화는 공자가 집에 없는 때에 삶은 돼지고기를 보냈는데, 공자도 양화가 집에 없는 사이에 그의 집을 찾아가 사례하였네. 당시 양화가 먼저 찾아왔다면, 공자가 어떻게 만나보지 않았겠는가? 증자曾子는 '어깨를 움츠리고 아첨하며 웃음 짓는 것이 한여름 밭에서 일하기보다 더 어렵다.'라고 하였고, 자로子路는 '함께 이야기를 나누는 것을 원하지 않으면서 이야기를 나누어야 하면, 그 얼굴은 무안해 붉어지는데, 그것은 내가 할 줄 아는 것이 아니다.'라고 하였네. 이런 것에서 보자면, 군자가 길러야 하는 것이 무엇인지를 알 수 있다네."

여덟 번째

8

戴盈之曰, "什一, 去關市之征, 今茲未能. 請輕之, 以待來年, 然後已, 何如?"
孟子曰, "今有人日攘其鄰之雞者, 或告之曰, '是非君子之道.' 曰, '請損之, 月攘一雞, 以待來年, 然後已.' 如知其非義, 斯速已矣, 何待來年."

대영지戴盈之가 말하였다. "10분의 1을 세금으로 징수하는 것이나, 관문과 시장의 세금을 철폐하는 것을 지금 시행할 수 없습니다. 먼저 세금을 낮추었다가 내년에 완전히 실행하는 것이 어떻겠습니까?"

맹자가 말하였다. “지금 어떤 사람이 날마다 이웃집의 닭 한 마리를 훔치는데, 어떤 사람이 그에게 ‘군자의 도리가 아니다.’라고 지적하자, ‘먼저 그 숫자를 줄여 달마다 한 마리씩 훔치다가 내년이 되면 그만두겠다.’라고 하는 것과 같습니다. 만일 옳지 않다는 것을 알았다면 빨리 그만두면 되는데, 무엇 때문에 내년까지 기다리는 것입니까?”

역자 해설

잘못되었다는 것을 알면서도 그것을 고치지 않는 것은, 잘못되었다는 것을 모르고 하는 것보다 더욱 잘못된 것임을 맹자는 지적하고 있다.

아홉 번째

9

公都子曰, “外人皆稱夫子好辯, 敢問何也?”

孟子曰, “予豈好辯哉? 予不得已也. 天下之生久矣, 一治一亂. 當堯之時, 水逆行氾濫於中國, 蛇龍居之, 民無所定, 下者爲巢, 上者爲營窟. 書曰, ‘洚水警余.’ 洚水者, 洪水也. 使禹治之. 禹掘地而注之海, 驅蛇龍而放之菹, 水由地中行, 江 · 淮 · 河 · 漢是也. 險阻旣遠, 鳥獸之害人者消, 然後人得平土而居之. 堯舜旣沒, 聖人之道衰, 暴君代作, 壞宮室以爲汙池, 民無所安息, 棄田以爲園囿,使民不得衣食. 邪說暴行又作. 園囿汙池, 沛澤多而禽獸至. 及紂之身, 天下又大亂. 周公相武王, 誅紂伐奄, 三年討其君, 驅飛廉於海隅而戮之, 滅國者五十, 驅虎豹犀象而遠之, 天下大悅. 書曰, '丕顯哉, 文王謨, 丕承哉, 武王烈, 佑啓我後人, 咸以正無缺.' 世衰道微, 邪說暴行有作, 臣弑其君者有之, 子弑其父者有之. 孔子懼, 作春秋. 春秋, 天子之事也, 是故孔子曰, '知我者, 其惟春秋乎. 罪我者, 其惟春秋乎.' 聖王不作, 諸侯放恣, 處士橫議, 楊朱墨翟之言, 盈天下, 天下之言, 不歸楊則歸墨. 楊氏爲我, 是無君也. 墨氏兼愛, 是無父也. 無父無君. 是禽獸也. 公明儀曰, '庖有肥肉, 廐有肥馬, 民有飢色, 野有餓莩, 此率獸而食人也.' 楊墨之道不息, 孔子之道不著, 是邪說誣民, 充塞仁義也. 仁義充塞, 則率獸食人, 人將相食. 吾爲此懼. 閑先聖之道, 距楊墨, 放淫辭, 邪說者, 不得作, 作於其心, 害於其事, 作於其事, 害於其政, 聖人復起, 不易吾言矣. 昔者禹抑洪水, 而天下平. 周公兼夷狄, 驅猛獸, 而百姓寧. 孔子成春秋, 而亂臣賊子懼. 詩云, '戎狄是膺, 荊舒是懲, 則莫我敢承.' 無父無君, 是周公所膺也. 我亦欲正人心, 息邪說, 距詖行, 放淫辭, 以承三聖者. 豈好辯哉? 予不得已也. 能言距楊墨者, 聖人之徒也."

공도자公都子가 말하였다. "다른 사람들은 모두 선생님께서 논쟁하기를 좋아한다고 말하는데, 왜 그렇습니까?"

맹자가 대답하였다. "내가 어떻게 논쟁하기를 좋아하겠는가? 나는 그저 어쩔 수가 없을 뿐이네. 사람이 살아가는 세상이 만들어진 것은 오래되었는데, 한때 다스려지는 태평한 시절이다가, 또 한때 혼란스러워지는 것이 반복되었네. 요堯가 다스리던 때에는 물이 역류해 온 나라가 범람하였고, 뱀과 용이 서식하니, 사람들은 정착할 곳이 없어서 낮은 지역에 사는 사람들은 나무 위에 둥지를 만들었고, 높은 지역에 사는 사람들은 땅굴을 만들어 살았네. 『서경』에 '홍수洚水가 나를 경계하도록 만들었다.'라고 하였는데, 홍수洚水는 곧 큰물(洪水)을 가리킨다네. 그래서 순舜은 우禹에게 홍수를 다스리도록 하였는데, 우가 물길을 만들어 물을 바다로 흘러가게 하고, 뱀과 용을 늪으로 몰아냈다네. 물은 땅 가운데를 흘렀는데, 장강과 회하淮河, 황하黃河, 한수漢水가 그것이네. 험하고 막혔던 것이 사라지고, 새와 짐승이 사람을 해치는 일이 없어진 후, 비로소 사람들이 평원을 얻어서 살 수 있게 되었네. 요와 순이 세상을 떠난 뒤에 점차 성인의 도가 쇠퇴하면서, 포학한 군주가 연이어 나왔는데, 이들은 백성들의 집을 허물고 그 자리에 연못을 만들어 백성들이 편안히 쉴 곳이 사라져 버렸고, 농토를 망친 후 그 자리에 동산을 만들어 백성들이 의복과 먹을 것을 얻을 수 없게 되었다네. 간사한 말과 포악한 행실이 다시 등장하고, 동산과 늪, 연못이 많아지자 새와 짐승 또한 다시 돌아왔네. 주紂 때에 세상이 다시 크게 혼란스러워지자, 주공周公은 무왕武王을 도와 주를 죽이고, 엄奄나라를 정벌한 지 3년 만에 그 군주를 토벌하였으며, 비렴飛廉을 바다 모퉁이로 몰아내어 죽였는데, 멸망시킨 나라가 50개나 되었고, 호랑이와 표범, 코뿔소와 코끼리를 몰아 멀리 쫓아 버리니, 온 세상 사람들이 크게 기뻐하였네. 그래서 『서경』에 '위대하게 드러났구나, 문왕의 책략이여! 크게 계승하였구나, 무왕의 공적이여! 우리를 도와주고 일깨워주셨으며, 후인後人들에 이르기까지 모두 바르고 결함이 없도록 하였네.'라고 하였네. 그 후 태평하던 세상이 쇠퇴해지고 올바른 도리가 미약해져 사악한 주장과 포악한 행실이 다시 등장하자, 신하가 되어 자기 군주를 시해하는 사람이 있게 되었고, 자식으로 아버지를 살해하는 사람이 나타났네. 공자는 이렇게 세상이 변해가는 것을 두려워하여 『춘추』를 지었다네. 『춘추』 같은 역사서를 쓰는 것은 본래 천자天子의 직권인데, 천자가 아닌 사람이 역사서를 지었으니, 공자는 '나를 알아주는 것도 아마 『춘추』 때문일 것이며, 나를 책망하는 것도 아마 『춘추』 때문일 것이다.'라고 말하였던 것이네. 훌륭한 군주가 출현하지 않아, 제후들이 방자해지고, 사士들은 멋대로 자신의 주장을 제시하여, 양주楊朱와 묵적墨翟의 학설이 세상에 가득해져, 세상의 언론은 양주에게 속하지 않으면 묵적에게 속하네. 양주의 핵심 주장은 자신만을 위하는 것이니, 이것은 군주에 대한 충을 부정하는 것이어서, 안중에 군주가 없는 것이고, 묵적은 차별 없는 사랑을 주장하였으니 이것은 부모에 대한 효를 부정하는 것이어서, 안중에 부모가 없는 것이네. 안중에 부모도 없고, 군주도 없다면 그것이 바로 짐승이라네. 공명의公明儀는 '군주의 푸줏간에는 살코기가 있고, 마구간에 살찐 말이 있는데도, 백성들은 굶주린 기색이 있고, 들에 굶어 죽은 시신이 있다면, 이것은 짐승을 끌고 가 사람을 잡아먹게 하는 것이다.'라고 말하였네. 양주와 묵적의 학설은 사라지지 않고, 공자의 가르침은 드러나지 않는데, 이것이 바로 간사한 주장이 백성을 속여 인의仁義를 막고 있는 것이라네. 인의가 막히면 짐승을 끌고 가 사람을 잡아먹게 하다가, 끝내는 사람들이 서로 잡아먹게 될 것이네. 나는 이것을 두려워하여 옛 성인의 도를 지켜내고, 양주와 묵적의 학설을 비판하며, 음란한 말을 몰아내고 간사한 주장을 내세우는 사람이 나오지 못하게 하려는 것이네. 간사한 주장이 마음에 생기면 일에 해를 끼치고, 일에서 생기면 정치에 해를 끼치는데, 성인이 다시 오더라도 내 말을 바꾸지 않을 것이네. 옛날 우가 홍수洪水를 다스리자 세상이 평화로워졌고, 주공이 이적夷狄의 오랑캐를 정복하고 맹수猛獸를 몰아내자 백성들이 편안해졌으며, 공자가 『춘추』를 완성하자 반란을 일으킨 신하와 불효한 아들이 두려워하게 되었네. 『시경』에는 '오랑캐인 융戎과 적狄을 공격하고, 형荊과 서舒를 징계하니, 감히 나에게 대항하는 사람이 없다.'라고 하였는데, 안중에 부모도 없고, 군주도 없는 사람은 주공 역시 응징하려고 하였다네. 나 또한 사람의 마음을 바로잡고, 사악한 주장을 없애며, 잘못된 행실을 막고, 음란한 말을 몰아내며, 우와 주공, 공자, 이 세 성인의 뜻을 계승하려는 것이지, 어떻게 논쟁하는 것을 좋아하겠는가? 나도 어쩔 수 없을 뿐이네. 그리고 논변으로 양주와 묵적의 학설을 비판하며 막는 사람은 성인의 무리라네."

역자 해설

양주楊朱의 정확한 생졸연대를 확정하기는 어렵지만, 대체로 전국시대 위衛나라 사람으로 알려져 있다. 『열자列子』의 「양주」 편과 『맹자』의 몇몇 곳에서 그에 대해 언급하고 있는데, 맹자의 표현대로라면 양주는 자신의 머리카락 하나를 뽑아서 세상을 이롭게 할 수 있다고 해도 그렇게 하지 않을 사람이다. 모든 것은 자신을 위해서, 그래서 그의 학설을 '위아설爲我說'이라고 부른다. 이렇게 자신만을 위하니, 자연스럽게 타인 특히 군주를 위해서 무엇인가를 하는 것은 부정된다. 그래서 맹자는 양주가 군주를 인정하지 않는다, 군주가 없다고 말하는 것이다.

반면 묵적墨翟은 묵가의 창시자이다. 춘추전국시대의 혼란은 사람들이 서로 차별없이 사랑하지 않기 때문이라고 생각하고, 사람들이 '서로 차별 없이 사랑(兼相愛)'하면 세상은 평화로워질 것이라 묵적은 주장하였다. 이렇게 '차별 없이(兼)' 사랑하며, 서로를 이롭게 하는 것(交相利)은 묵가의 가장 기본적인 주장이다. 그리고 이와 같은 '겸상애'와 '교상리'의 주장으로부터 침략전쟁에 반대(非攻)하거나, 예의를 중시하는 유가를 절장節葬이나 절용節用 등의 시각에 근거해 비판한다. 하지만 맹자의 시각에서 묵적의 '서로 차별 없이 사랑해야 한다'는 주장은 자신의 부모가 가진 특별한 의미를 부정하는 것, 다시 말해서 자신의 부모를 인정하지 않는 것이자, 부모의 존재를 부정하는 것으로 이해되었다.

이렇게 군주를 부정하는 양주와 부모를 부정하는 묵적은 맹자에게 '부모도 없고, 군주도 없는 짐승'의 가르침으로, 비판과 극복의 대상이었다. 위대한 성인의 뜻을 계승하고 이들 잘못된 가르침을 막기 위해 논쟁을 좋아하지 않지만, 부득이 논변할 수밖에 없다고 맹자는 말한다.

열 번째

10

匡章曰, "陳仲子豈不誠廉士哉? 居於陵, 三日不食, 耳無聞, 目無見也. 井上有李, 螬食實者過半矣, 匍匐往將食之, 三咽, 然後耳有聞, 目有見."

孟子曰, "於齊國之士, 吾必以仲子爲巨擘焉. 雖然, 仲子惡能廉? 充仲子之操, 則蚓而後可者也. 夫蚓, 上食槁壤, 下飮黃泉. 仲子所居之室, 伯夷之所築與? 抑亦盜跖之所築與? 所食之粟, 伯夷之所樹與? 抑亦盜跖之所樹與? 是未可知也."

曰, "是何傷哉? 彼身織屨, 妻辟纑, 以易之也."

曰, "仲子, 齊之世家也. 兄戴, 蓋祿萬鍾. 以兄之祿爲不義之祿而不食也, 以兄之室爲不義之室而不居也, 辟兄離母, 處於於陵. 他日歸, 則有饋其兄生鵝者, 己頻顣曰, '惡用是鶃鶃者爲哉?' 他日, 其母殺是鵝也, 與之食之. 其兄自外至, 曰, '是鶃鶃之肉也.' 出而哇之. 以母則不食, 以妻則食之. 以兄之室則弗居, 以於陵則居之. 是尙爲能充其類也乎? 若仲子者, 蚓而後充其操者也."

광장匡章이 말하였다. "제나라의 진중자陳仲子야 말로 진정 청렴한 사士가 아니겠습니까? 그가 오릉於陵에 살 때 사흘 동안 먹지 못하여 귀는 들리지 않고 눈은 보지 못하였습니다. 우물 위에 자두나무가 있었고, 그 나무에서 떨어진 자두는 반 넘게 벌레가 파먹은 것이었습니다. 그가 기어가서 주워 먹었는데, 세 번 삼킨 뒤에야 귀에 들리는 것이 있었고, 눈에 보이는 것이 있었습니다."

맹자가 말하였다. "나는 제나라의 사士 가운데 반드시 진중자를 첫째라고 생각하지만, 그렇다고 진중자를 어떻게 청렴하다고 할 수 있겠습니까? 진중자가 생각하는 지조志操를 완전히 실천하려면, 지렁이가 된 뒤에야 가능할 것입니다. 지렁이의 경우 땅 위에서는 마른 흙을 먹고 땅속에서는 황토물을 마십니다. 진중자가 사는 집은 백이伯夷와 같이 청렴한 사람이 지은 것입니까? 아니면 도척盜跖과 같은 강도가 지은 것입니까? 진중자가 먹는 곡식은 백이와 같은 청렴한 사람이 농사지은 것입니까? 아니면 도척과 같은 강도가 심은 것입니까? 그것은 알 수 없는 것입니다."

광장이 말하였다. "그런 것과 무슨 관계가 있습니까? 그는 스스로 신을 만들고, 그 아내는 삼으로 실을 뽑아 곡식과 바꾸어 먹습니다."

"진중자는 제나라에서 대대로 벼슬한 집안의 사람입니다. 그 형인 대戴가 갑蓋에서 받는 녹봉이 만종萬鍾이었는데, 형의 녹은 의롭지 않다고 먹지 않으며, 형의 집은 의롭지 않다고 살지 않고, 형을 피하고 어머니를 떠나 오릉에 살게 된 것입니다. 어느 날 그가 형의 집에 돌아갔는데, 어떤 사람이 그의 형에게 살아있는 거위를 선물하자, 그는 이마를 찌푸리며 '꽥꽥거리는 저것을 어디에 쓰겠는가?'라고 말하였습니다. 며칠 뒤에 그의 어머니가 그 거위를 잡아 요리해 주자, 진중자가 그것을 먹고 있었는데, 형이 밖에서 돌아와 그것을 보고 '먹고 있는 그것이 꽥꽥거리는 것의 고기이다.'라고 말하자, 진중자가 밖으로 나가 토해 버렸다고 합니다. 어머니가 주는 것은 먹지 않고, 아내가 주는 것은 먹으며, 형의 집에는 살지 않고, 오릉에는 살았으니, 이러고도 자신의 청렴한 지조를 온전하게 실천했다고 할 수 있겠습니까? 진중자와 같은 사람은 지렁이가 된 뒤에야 자신의 지조를 충분히 실천할 수 있을 뿐입니다."

역자 해설

진중자陳仲子는 제나라 주요 가문의 후손이었지만, 어지러운 세상과 타협하며 살아가는 것이 싫어, 집을 떠나 오릉於陵에서 자급자족의 생활을 하며 지조를 지키려 한 사람이다. 그런데 그의 지조를 지키는 모습은 이중적이다. 맹자의 표현대로라면, 자신이 거처하는 집이나 자신의 아내가 내주는 음식에 대해서는 그것이 의로운지 아닌지를 따져보지 않는다. 반면 자기 어머니가 내주는 음식이나 그 형이 거처하는 집에 대해서는 그것이 의로운지 아닌지를 따지는 모습이다. 의로운지 아닌지를 따지며 청렴하게 살려면, 무엇보다 먼저 행위의 기준이 하나로 일치해야 하는데, 그 기준이 하나로 일치하지 않는 이상, 그가 지조를 충실하게 지키거나 실천한 것이 아니라고 맹자는 생각했다. 아울러 외적인 행위나 겉으로 드러나는 모습이 아무리 지조 있는 모습이라고 하더라도, 인의仁義나 그 정신을 해치는 것이라면 그것은 본받을 것이 못된다는 맹자의 생각도 함께 읽을 수 있다.

맹자(孟子, BC 372 ? ~ BC 289 ?)

성은 맹孟이고, 이름은 가軻이다. 전국시대 유가儒家를 대표하는 학자로, 성선론性善論과 왕도정치론王道政治論은 그의 핵심 이론이자 주장이다. 그의 삶 역시 공자와 유사해서, 젊어서는 제자를 키우는 데 힘썼고, 50대 이후 위·제 등의 열국을 주유하며 그 뜻을 펼칠 기회를 얻기 위해 노력했지만, 뜻을 이루지 못하고, 70세를 전후해 추나라에 돌아올 수밖에 없었다. 만년에는 문인인 만장이나 공손추 등과 함께 그의 어록인 『맹자』를 편찬하였다.

옮긴이 김기주

계명대학교 철학과를 졸업하였으며, 臺灣 東海大學 哲學硏究所에서 논문 「理想的道德與道德的理想-孟子道德哲學之再構成」으로 박사학위를 취득하였다. 현재 계명대학교 Tabula Rasa College 교수로 있다. 맹자철학에 대한 이해를 바탕으로 조선성리학과 그 직접적인 뿌리인 송명리학에 대해 깊은 관심을 가지고 연구하고 있다. 저역서에는 『서원으로 남명학파를 보다』, 『심체와 성체1-총론』, 『유교와 칸트』 등이 있고, 논문에는 「四端七情論으로 본 畿湖學派의 3期 발전」, 「혈연적 질서로부터 비혈연적 질서로-춘추전국시대와 제자백가의 대응」, 「'블록체인 기술'의 인문학적 함의」 등 다수가 있다.

달섬 세계고전 24

맹자 1

지은이 맹자
옮긴이 김기주
펴낸이 김동원
펴낸곳 달섬

초판 1쇄 인쇄 2021. 04. 22.
초판 1쇄 발행 2021. 04. 30.

달섬 전라북도 전주시 완산구 어진길 32 (풍남동2가)
전화 (063) 219-5322
FAX (063) 219-5323
출판등록 2012년 8월 20일 제465-2012-000021호

저자 및 출판사의 허락 없이 이 책의 일부 또는 전부를 무단 복제·전재·발췌할 수 없습니다.
잘못된 책은 바꿔 드립니다.

값 10,000원

ISBN 979-11-6372-122-2 04140
ISBN 979-11-6372-001-0(세트) 04080

'달섬'은 전북대학교출판문화원의 임프린트입니다.